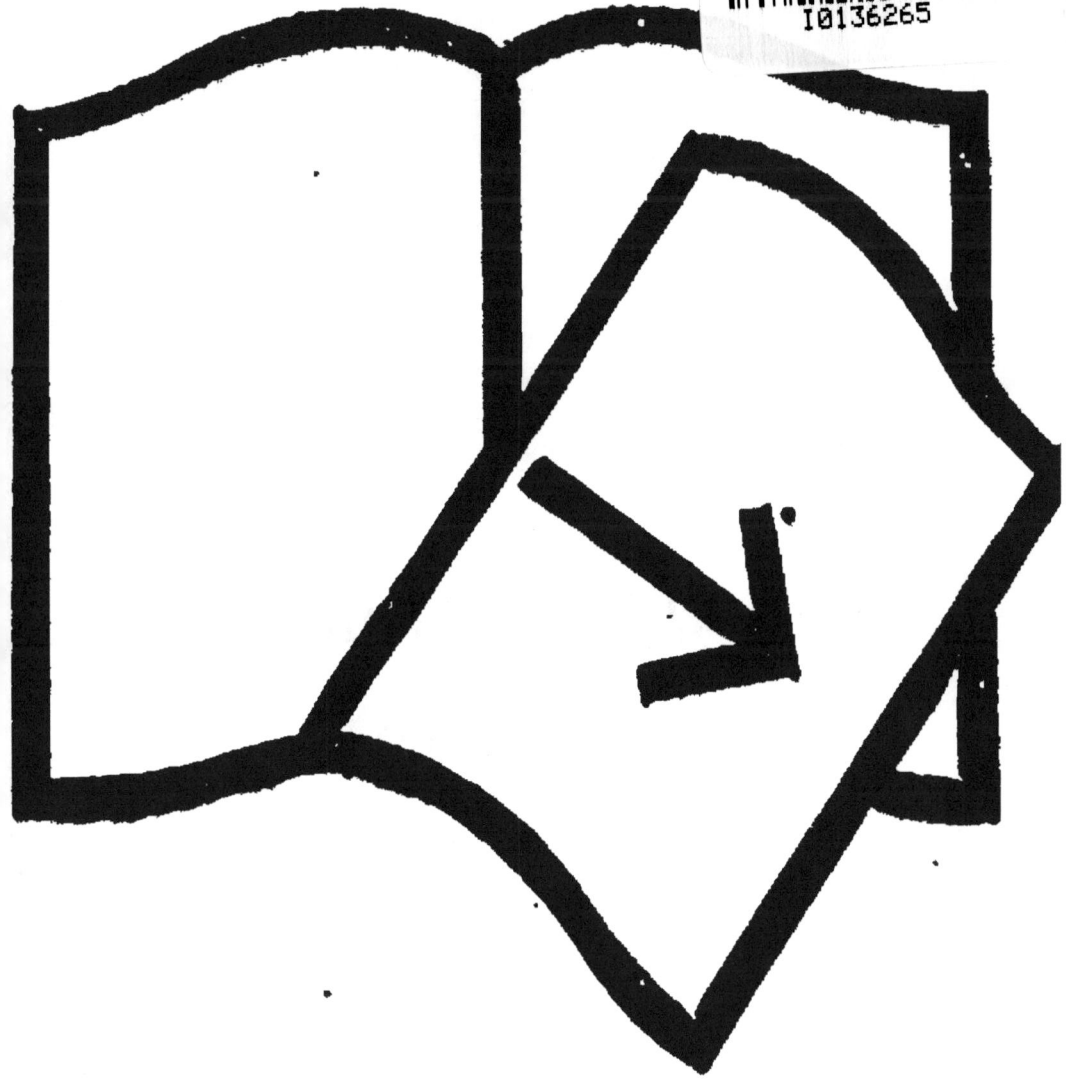

Couvertures supérieure et inférieure
manquantes

LES FÉDÉRATIONS

EN FRANCHE-COMTÉ

LES
FÉDÉRATIONS
EN FRANCHE-COMTÉ

ET LA

FÊTE DE LA FÉDÉRATION
DU 14 JUILLET 1790

PAR

MAURICE LAMBERT
DOCTEUR EN DROIT
Membre de l'Académie de Besançon

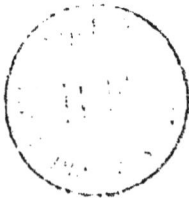

« J'ai la passion de l'histoire générale vue
et racontée d'un observatoire provincial. »

L. Vitet.

PARIS
LIBRAIRIE ACADÉMIQUE DIDIER
PERRIN ET Cie, LIBRAIRES-ÉDITEURS
35, QUAI DES GRANDS-AUGUSTINS, 35,
1890

AVANT-PROPOS

De toutes les légendes de la Révolution celle de la Fédération est peut-être la plus vraie. Cette fête fameuse, où tous les Français s'unirent par le serment d'être à jamais fidèles à la Nation, à la Loi et au Roi, peut être considérée comme la journée, je ne dirai pas la plus pure, — quand les passions de parti sont déchaînées, il n'y a rien d'absolument pur, — mais comme la journée la plus attrayante, la plus heureuse de cette époque tourmentée et trop souvent souillée de sang.

Le bonheur dont jouirent nos pères à ce moment était surtout fait d'illusions, nous le savons aujourd'hui. Il n'en fut pas moins réel, et nous nous plaisons encore, après un siècle, à le contempler.

Ce qui surtout fait l'intérêt de cette fête, ce qui en constitue la grande originalité, c'est la pré-

sence simultanée du Peuple et du Roi, de la Monarchie et de la Révolution, de l'autorité royale et
de la souveraineté nationale. Deux doctrines, deux
sociétés, deux formes de gouvernement se donnent
la main, en attendant que l'une anéantisse l'autre.
C'est le baiser de paix de l'ancienne France avec la
nouvelle, au moment où l'ancienne va disparaître.
C'est le point de rencontre entre l'ancien régime et
le nouveau. Il est à jamais regrettable que cet accord d'un jour n'ait pu se perpétuer.

Un autre caractère bien remarquable de la Fédération de 1790, c'est son origine provinciale. La
plupart des grands événements de la Révolution ont
commencé à Paris, quand ils ne s'y sont pas entièrement accomplis. C'est presque toujours la capitale
qui a eu l'initiative, qui a donné le branle ; la province n'a fait que suivre. Pour la Fédération, il en
fut tout autrement. L'idée de cette forme d'association politique est née en province. A quel endroit
précisément[1] ? Il est difficile de le savoir aujour-
d'hui, car cette idée a fait un chemin rapide. Déjà,
dans les premiers jours du mois d'août 1789, on

1. On lit dans l'*Histoire de France populaire* d'Henri Martin (t. III,
p. 435) : « Cela commença, dès le 27 septembre 1789, par la fédération
des villages franc-comtois des environs de Luxeuil, sous la direction
d'un curé patriote. »

trouve un commencement de fédération à Lons-le-Saunier ; au mois de septembre suivant, on voit des fédérations particulières se former entre villes et villages dans des pays très divers (Rouergue, Dauphiné, Normandie). Mais si ce mouvement n'a pas eu son point de départ en Franche-Comté, il s'y est tout au moins rapidement développé. En assistant à la naissance des premières fédérations comtoises, nous connaîtrons par là même les origines de la grande Fédération nationale.

LES

FÉDÉRATIONS EN FRANCHE-COMTÉ

ET LA

FÊTE DE LA FÉDÉRATION

DU 14 JUILLET 1790

I

ORIGINE DE L'IDÉE DE FÉDÉRATION

Sommaire. — Alarmes générales du mois de juillet 1789. — Formation de milices nationales à Dôle, à Lons-le-Saunier, à Vesoul, à Besançon, dans les campagnes. — Premières réunions des gardes nationales — Ligues ou confédérations défensives entre les villes et les communautés; Besançon; Lons-le-Saunier; Vesoul.

L'histoire de la Fédération se rattache très intimement à celle de la garde nationale.

Chacun sait que la milice nationale s'est formée, à Paris et en province, à la suite de la prise de la Bastille. Cet événement n'en a pas été pourtant la première cause. La garde nationale est née plutôt des inquiétudes qu'avait inspirées au peuple la résistance du roi aux premières résolutions des États généraux transformés en Assemblée nationale.

« On attendait, nous dit Necker dans son livre sur la

Révolution, on attendait avec un intérêt toujours crois-
sant les opérations d'une assemblée solennelle, et qui
semblait tenir en ses mains les destins de la France.
On l'environnait de ses regards, on la suivait de toutes
ses pensées, et l'on croyait alors universellement que
ses résolutions allaient fixer le règne des lois, la liberté,
la fortune publique et la grandeur nationale [1]. » Mais
voilà qu'au milieu de cette attente générale et de ces
espérances chimériques, on apprend tout à coup que le
roi est entré en lutte avec l'Assemblée, qu'il a changé
de ministère, que Necker a été renvoyé et que des
troupes environnent Paris et Versailles... Ces nouvelles
ne firent pas moins d'impression en province qu'à Paris.
Elles y excitèrent même peut-être encore de plus
grandes craintes, à cause de l'éloignement, de la rareté
des communications et des effrayantes rumeurs qui
circulaient. Le bruit courait que des brigands rava-
geaient les campagnes, fauchaient les moissons avant
leur maturité, pour affamer le peuple. Ces brigands,
personne ne les avait vus, et tout le monde les redou-
tait. Et si les brigands n'existaient pas, beaucoup de
brigandages se commettaient. On sait combien de châteaux et combien de couvents furent saccagés alors,
sous le vain prétexte qu'ils pouvaient renfermer des
armes destinées à servir contre le peuple. On connaît
l'histoire de cette explosion qui occasionna l'incendie
du château de Quingey, près de Vesoul, et qui contribua
encore à augmenter la panique dans toute la France [2].

1. Necker, *De la Révolution française*, t. I, 2ᵉ partie, p. 9.
2. Un baril de poudre ayant fait explosion dans une dépendance du
château de Quingey, pendant qu'il était envahi par une troupe de
pillards, cet accident, qui avait occasionné la mort de tr.... p...sonnes,
fut signalé partout et jusqu'à l'Assemblée nationale comme le résultat

Ce furent ces alarmes qui déterminèrent la formation des premières milices nationales. Nous allons le voir particulièrement en Franche-Comté.

Le 17 juillet, à Dôle[1], on ne connaissait pas encore la prise de la Bastille; on avait seulement appris le départ de Necker, la concentration des troupes sur Paris et les premières bagarres survenues entre ces troupes et la population parisienne. Dans la journée, arriva un courrier de cabinet, porteur d'une dépêche du ministre de la maison du roi, M. de Villedeuil. Cette dépêche avait pour but d'inviter les autorités de la ville à donner de la publicité à deux imprimés joints à la lettre du ministre. L'un de ces imprimés était le discours adressé par le roi à l'Assemblée nationale le 15 juillet, lendemain de la prise de la Bastille, discours par lequel Louis XVI avait annoncé qu'il donnait l'ordre aux troupes de s'éloigner de Paris et de Versailles. L'autre imprimé contenait le récit de l'enthousiasme qui avait éclaté dans l'Assemblée et des démonstrations de joie et de reconnaissance que la démarche du roi avait soulevées.

Le maire de Dôle réunit aussitôt le conseil de ville pour lui communiquer ces nouvelles, et l'on décide d'en faire part sans retard à la population. Une assemblée générale de la commune est convoquée le lendemain, à dix heures du matin. Elle se compose d'environ 800

d'un guet-apens, qu'on imputait au propriétaire du château, M. de Mesmay, conseiller au Parlement de Besançon. L'instruction judiciaire qui eut lieu justifia complètement M. de Mesmay. — Voir: *Mémoire justificatif de M. de Mesmay*, Besançon, 1769, in-8; Buchez, *Histoire de l'Assemblée constituante*, t. I, p. 431 ; Thiers, *Histoire de la Révolution française*, 13ᵉ édit., t. I, p. 121.

1. Les détails qui suivent sont extraits des registres municipaux de la ville de Dôle, du 17 au 19 juillet 1789.

personnes. On y lit le discours du roi, qui est couvert d'acclamations. On vote un projet de réponse au ministre, dans lequel on constate que « le discours du roi a fait renaître la confiance dans les bontés de Sa Majesté », et que « la joie à succédé à la consternation et aux alarmes qui affligeoient tous les citoyens ». On décide d'écrire aux députés du bailliage pour les inviter à demander au roi le rappel de Necker. Enfin, on nomme des commissaires pour rédiger une adresse à l'Assemblée nationale. Le 19, la commune est de nouveau convoquée pour entendre les lettres des députés, qui rendent compte de ce qui s'est passé à Paris et annoncent en même temps que le calme est rétabli. Le 20, les commissaires chargés de rédiger l'adresse à l'Assemblée nationale se réunissent à l'hôtel de ville. Mais alors surviennent une foule de citoyens qui proposent « de lever des compagnies bourgeoises pour empêcher les désordres que pourroient commettre des troupes de brigands expulsés des autres villes et qui viendroient se réfugier en celle-ci... ». L'assemblée, après avoir fait prévenir le major de place, arrête « que lesdits particuliers seront invités de temporiser le plus qu'il sera possible ». Mais cet arrêté leur ayant été communiqué, « ils ont retracé leurs motifs et ont fait connoître qu'ils ne pouvoient se dispenser de prendre les armes, et se sont retirés dans cette résolution, à laquelle il n'a pas été possible de ne pas consentir ».

Mêmes scènes à Lons-le-Saunier. Le 19 juillet, « sans autre convocation, s'il faut en croire le procès-verbal ¹,

1. *Arrêté unanime de la commune de Lons-le-Saunier, en Franche-Comté, du 19 juillet 1789, etc.*, dans *l'Annuaire du département du Jura pour l'année 1849*, par Désiré Monnier, p. 505.

que celle produite par l'alarme générale répandue dans la ville, sur des nouvelles certaines datées de Versailles, » plus de 3000 citoyens se réunissent à l'hôtel de ville ; un membre de la commune harangue l'assemblée ; on vote une adresse à l'Assemblée nationale, et pour résister tout à la fois à ceux qu'on appelle « les ennemis de l'État » [1] et « aux incursions des brigands qui infestent le royaume », on invite tous les hommes valides à s'armer et à se tenir prêts à marcher au premier signal. Le même jour, la cocarde tricolore est arborée [2]. Trois jours après, le 22 juillet, la milice bourgeoise est organisée et divisée en seize compagnies.

A Vesoul, dès le lendemain de l'incendie du château de Quincey, qui a brûlé le 19 juillet à onze heures du soir, la municipalité arrête la formation d'une garde bourgeoise de 300 hommes et la nomination d'un comité composé de vingt et un citoyens et chargé de prendre toutes les mesures nécessaires pour maintenir l'ordre, soit dans la ville, soit dans les communautés voisines [3]. Ce comité, aussitôt constitué, adresse, le

1. « Ces ennemis, qui sont-ils ? avait dit l'orateur. Ce ne sont pas seulement les brigands ; mais, plus coupables qu'eux, ce sont des hommes qui séparent le titre de citoyen de celui de noble... c'est la majorité de la noblesse... O noms perfides de Cazalès, de Despréuil, vous répondrez un jour à la nation, à la postérité, des troubles affreux que vous avez répandus au sein de votre patrie. » (*Annuaire du département du Jura pour l'année 1846*, p. 505 ; *Histoire de la Révolution dans le Jura*, par Antoine Sommier, Paris, 1846, in-8, p. 23.)

2. « Trente jeunes gens commandèrent un grand nombre de ces cocardes, et à la fin d'un banquet qu'ils avaient improvisé ils en décorèrent leurs chapeaux ; puis, le tambour de la ville en tête, ils allèrent en offrir une au maire, M. Brillon, et firent *intimer l'ordre* à tous les citoyens de la prendre. » (*Histoire de la Révolution dans le Jura*, par Antoine Sommier, p. 23.)

3. *Les fédérations dans la Haute-Saône et la fédération des 14 villes bailliagères de Franche-Comté*, article de M. H. Baumont, dans la revue la *Révolution française*, t. XIV, janvier-juin 1888, pp. 873 et suivantes.

22 juillet, une lettre à l'Assemblée nationale, qui commence ainsi :

« La ville de Vesoul ne veut point affliger l'Assemblé nationale par le récit de tous les désordres portés à l'excès dans son bailliage : les châteaux brûlés, démolis, pillés au moins ; toutes les archives enfoncées, les registres et les terriers enlevés, les dépôts violés, les plus horribles menaces et les violences extrêmes. — La ville de Vesoul se borne à conjurer l'Assemblée nationale de rendre un décret qui puisse ramener la tranquillité publique parmi les gens de la campagne, etc.»

On croyait encore alors à l'efficacité des décrets pour calmer les populations. Le comité de Vesoul eut le bon esprit de ne pas attendre la réponse de l'Assemblée nationale pour prendre les mesures que réclamait la situation ; il dirigea quelques forces sur les points menacés, sur Luxeuil, sur Jussey, et poursuivit de divers côtés les brigands. Il envoya dans toutes les paroisses le signalement d'un homme qui avait porté dans plusieurs communautés des ordres faux, signés Louis, par lesquels les paysans étaient autorisés à saccager les châteaux et les monastères.

A Besançon, la garde nationale est née aussi des mêmes alarmes et dans les mêmes circonstances. Un registre fut ouvert à l'hôtel de ville pour recevoir les noms des citoyens qui voudraient s'engager dans la nouvelle milice. Elle est mentionnée pour la première fois dans une délibération de l'assemblée communale du 21 juillet. Il y est dit qu'il s'est « formé récemment une milice bourgeoise, composée d'un très grand nombre de citoyens et habitans, qui se sont imposé l'obligation étroite de maintenir la ville dans la plus parfaite tranquillité et d'éloigner tout ce qui pourroit troubler la concorde et l'harmonie qui doivent y régner. Sur quoi l'assemblée, considérant que plus cette milice sera formée de gens honnêtes, plus elle sera ferme dans l'objet intéressant qu'elle s'est proposé, s'est déterminée par les circonstances à s'y réunir et en particulier à faire garder, soit de jour, soit de nuit, la maison du membre du Parlement, inculpé sur l'incendie arrivé à Quincey, afin qu'il ne s'y commette aucun désordre ».

Il semble, d'après cela, que la milice nationale n'aurait eu d'abord d'autre but que de maintenir l'ordre. Mais le préambule d'un règlement que voulait lui imposer l'assemblée communale et qu'elle repoussa nous renseigne mieux sur les causes de son origine. Il commence ainsi : « Dans ces moments affreux où le despotisme ministériel, secondant les efforts des ennemis du bien public, attentoit à la liberté des députés de la Nation, menaçoit la capitale d'une destruction prochaine, et, trompant le meilleur des rois, présentoit des fers à la Nation assoupie, tous citoyens devoient être soldats, tous devoient aspirer au glorieux avantage de verser leur sang pour le salut de l'État. Le caractère guerrier des habitans de cette ville s'est aussi développé à l'instant ; leurs généreuses mains se sont armées d'elles-mêmes ; tous intérêts et besoins particuliers ont été méconnus, pour ne s'occuper que de l'intérêt de la grande famille; et après avoir concouru avec tous les François à abattre l'hydre qui menaçoit la liberté publique, elles ont rendu à cette capitale des services importants dignes des plus grands éloges [1]. »

1. Registre municipal de Besançon. Délibération du 14 septembre 1789.

La milice nationale de Besançon choisit pour son commandant le comte Louis de Narbonne, colonel du régiment de Piémont, en garnison dans la ville, et qui devint peu après ministre de Louis XVI. Il s'était acquis à Besançon une grande popularité par ses idées libérales et par la modération qu'il avait montrée dans les émeutes qui avaient failli ensanglanter la ville. Il accepta le commandement de la nouvelle milice, probablement parce qu'il y vit le moyen de la maintenir dans la discipline et dans l'obéissance au roi [1].

Après les villes, les campagnes voulurent à leur tour organiser des milices nationales. Elles y furent même encouragées par l'autorité. Dans un placard du 23 juillet le marquis de Langeron, commandant de la province, qui lui-même croyait aux brigands, invitait les citoyens des villes, bourgs et villages à s'armer pour repousser ces malfaiteurs, qu'il prétendait sortis des Vosges, et recommandait de ne leur faire aucun quartier [2]. Le 24 juillet, l'assemblée communale de Besançon arrêtait « que les différents hameaux du territoire demeureroient autorisés à former entre eux des compagnies pour veiller à la

---

1. V. sur le comte Louis de Narbonne une intéressante notice de M. Edouard Besson, dans les *Mémoires de la Société d'émulation du Doubs*, année 1889.
2. Extrait du procès-verbal de l'assemblée de la commune de Dôle, du 24 juillet 1789 : « M. le maire a mis sur le bureau une lettre du 23 de ce mois de M. de Langeron, à laquelle sont joints deux imprimés du même jour, dont l'un porte qu'il est sorti des Vosges des voleurs qui se répandent dans les provinces et auxquels les troupes du roi, la troupe nationale et la maréchaussée ne doivent point faire de quartier, et de les prendre et livrer à la prévôté pour être punis avec la dernière rigueur, et l'autre par lequel ce commandant invite au nom du roi les Franc-Comtois de rester tranquilles chez eux et de faire leur récolte. Il ajoute par sa lettre qu'il part de Besançon un détachement de troupes de cavalerie et d'infanterie et un de Vesoul contre ces brigands, et qu'il ne donnera aucune relâche à leur poursuite. »

tranquillité de la banlieue et en éloigner tous les vaga-
bonds et gens sans aveu ».

Ces milices une fois formées, il fallut les armer. Dans
les villes, les municipalités s'adressèrent aux autorités
militaires, qui consentirent généralement à leur déli-
vrer des fusils ou des sabres tirés des arsenaux [1]. Les
miliciens durent faire eux-mêmes les frais de leur uniforme, qui du reste n'était pas obligatoire. Le règlement de la garde nationale de Besançon contenait, quant
à cet objet, la disposition suivante : « Il sera libre aux
officiers, bas-officiers et soldats nationaux de porter un
uniforme, lequel uniforme sera : habit bleu de roi, revers, paremens et doublue blancs, collet et passepoil
rouge, aigles et fleurs de lys aux agrafes de l'habit en
drap rouge, veste et culotte blanche, boutons jaunes et
plats aux armes de la ville [2]. » Dans les campagnes, il
ne pouvait guère être question d'uniforme, ni même
de fusils et de sabres; les maréchaux se mirent à fabri-
quer des piques, qui furent les armes du plus grand
nombre. Le seul signe distinctif généralement adopté
était la cocarde tricolore.

L'organisation des milices ne tarda pas à être sanc-

1. Le 24 juillet, à Dôle, le maire communique à l'assemblée communale « une lettre de M. le comte de Narbonne, commandant de la
milice nationale de Besançon, annonçant le dessein de cette milice de
venir au secours de Dôle, et qu'il partira cent hommes armés avec mu-
nitions, qui escorteront le convoi demandé à M. de Langeron; et enfin une lettre de M. Brunet par laquelle il annonce six cents fusils
avec bayonnettes, dix-huit cents pierres, quatre cents livres de poudre
et dix-huit mille balles, qui arriveront samedi soir par Burgillard. »
Toutefois, l'armement des gardes nationales, même de celles des villes,
resta longtemps bien incomplet. Le 1er août 1790, la municipalité de
Lons-le-Saunier se plaignait encore de n'avoir que 400 fusils pour
1200 hommes en état de porter les armes.(V. extrait des registres de la
municipalité de Lons-le-Saunier, à la suite du *Procès-verbal du dépôt
de la Bannière fédérative dans la salle du conseil du département du
Jura, séant à Lons-le-Saunier*, in-8.)
2. Registre municipal de Besançon. Délibération du 29 septembre 1789.

tionnée par l'Assemblée nationale, pour qui elle était
une force et une garantie contre de nouvelles hostilités
de la cour. Un décret du 10 août 1789, après avoir pres-
crit aux municipalités du royaume de veiller au maintien de la tranquillité publique et les avoir autorisées à
requérir, à cet effet, les milices nationales, les maré-
chaussées et les troupes, ordonna que toutes les milices
nationales prêteraient serment entre les mains de leur
commandant « de bien et fidèlement servir pour le
maintien de la paix, pour la défense des citoyens et
contre les perturbateurs du repos public », et que toutes
les troupes, les officiers de tout grade et les soldats, prêteraient serment à la Nation, au Roi et à la
Loi. Ce décret aboutissait même à remettre toute l'autorité militaire entre les mains des municipalités, car
les officiers de l'armée devaient jurer, « en présence
des officiers municipaux et à la tête de leurs troupes,
de rester fidèles à la Nation, au Roi et à la Loi, et de
ne jamais employer ceux qui seront sous leurs ordres
contre les citoyens, si ce n'est à la réquisition des officiers civils ou municipaux, laquelle réquisition sera toujours lue aux troupes assemblées ».

Les milices nationales, dès qu'elles furent un peu or-
ganisées, songèrent naturellement à se réunir, à frater-
niser, soit entre elles, soit avec les troupes de ligne. A
Besançon, à la suite d'une émeute provoquée par des
soldats révoltés, la milice imagina pour rétablir l'ordre
d'offrir un banquet à toute la garnison. Ce banquet eut
lieu sur la promenade Chamars, le 19 avril, mais il fut
une nouvelle occasion de désordres, et le lendemain il
fallut dresser la potence sur la place Saint-Pierre[1].

1. J. Sauzay, *Histoire de la persécution révolutionnaire dans le dé-*

Ces premières réunions des gardes nationales entre elles ou avec les troupes de ligne n'étaient pas ce qu'on appela plus tard des *fédérations*. L'idée de fédération vint d'ailleurs; elle résulta du besoin qu'éprouvèrent les municipalités, au milieu du désarroi général et de l'énervement de l'autorité gouvernementale, de s'entendre entre elles pour maintenir l'ordre et assurer les subsistances. Les campagnes, qui se croyaient menacées des *brigands* et qui étaient réellement exposées aux entreprises des mauvais sujets, s'adressèrent aux villes pour obtenir des secours en cas d'alerte. Les villes, de leur côté, s'apercevaient que la panique entravait les relations commerciales, empêchait les approvisionnements et augmentait la cherté des vivres; elles avaient donc intérêt à promettre aux campagnes les forces défensives dont celles-ci pourraient avoir besoin.

Dès le 24 juillet, nous voyons déjà les maires, échevins et conseillers au Magistrat de Besançon joindre à une dépêche que le marquis de Langeron adressait aux officiers municipaux des villes de Franche-Comté, une lettre où ils disaient : « Nous vous prions de nous considérer comme le point central de l'union qui doit régner entre les villes de la province, pour y assurer le bon ordre, la tranquillité et la paix[2]. »

Peu de jours après, le 1ᵉʳ août 1789, le conseil de la garde nationale de Lons-le-Saunier envoyait aux échevins de toutes les communautés du bailliage dont cette ville était le chef-lieu une lettre-circulaire ainsi conçue:

---

parlement du Doubs, t. I, p. 129. — *Voir* aussi sur les suites de ce banquet : *Voyage d'une Française en Suisse et en Franche-Comté, depuis la Révolution* (par Mᵐᵉ Gautier). Londres, 1790, t. II, pp. 156 et suiv.

1. Cette lettre est copiée sur le registre municipal de Quingey, folio 149, et sur celui d'Arbois, folio 152.

« Messieurs, l'amour du bien public, l'espoir de con-
tribuer à la sûreté de notre province nous ont déter-
minés à former à Lons-le-Saunier une légion nationale,
composée de trois bataillons en activité de service.
Nous sommes informés que la plupart des communautés qui dépendent du bailliage ont également formé
des compagnies bourgeoises qui font un service jour-
nalier. Nous vous offrons, Messieurs, les secours dont
vous auriez besoin, en cas d'attaque de la part des brigands dont on dit que le royaume est infesté ; et nous
désirons former avec vous une ligue offensive et défensive contre tous les ennemis de la nation. C'est dans cette
vue que nous vous préviendrons du besoin que nous
pourrions avoir de vos secours, et que nous vous prions
de nous donner avis, de votre côté, des troubles qui
pourroient être portés à la tranquillité publique dans
votre communauté, pour que nous y envoyions sur-le-
champ les forces nécessaires pour les rétablir.

« Vous voudrez bien, dans ces occasions, Messieurs,
nous dépêcher un exprès, muni d'une lettre. signée de
vos principaux habitans, contenant l'explication de
l'alerte que vous aurez reçue, en recommandant toutefois
à votre exprès de ne la dénoncer qu'au commandant de
notre légion, pour éviter les fausses alarmes dans
notre ville, etc., etc.[1]. »

Si le mot *fédération* n'est pas dans cette lettre, on
peut dire que la chose y est, puisqu'il s'agit d'une association, d'une « ligue offensive et défensive », pro-
posée à toutes les communautés d'un même bailliage,

1. *Annuaire du département du Jura pour l'année 1816,* par M. Désiré
Monnier, p. 520.

pour se protéger contre les « brigands » et contre les
« ennemis de la nation ».

C'est à Vesoul, qu'il a été parlé pour la première
fois, en Franche-Comté, d'une *confédération*. Le 18
septembre 1789, le comité dont nous avons vu la formation au lendemain de l'incendie de Quingey envoie à
toutes les communautés du bailliage une délibération
par laquelle il les appelle, « au nom de la patrie.., à une
confédération vraiment grande et digne d'elles, à une
confédération d'honneur, de vertu et de respect pour
les lois, et d'union pour le salut commun[1]. »

« Plusieurs villes de France, dit le comité, notamment celle de Millau en Rouergue[2], se sont fait un
devoir de resserrer les liens du patriotisme entre toutes
les communautés de leur province...; elles ont arrêté
solennellement ce que nous arrêtons nous-mêmes à
leur exemple :

« Que toutes communautés, tous particuliers qui se
permettroient aucun excès, aucune infraction à l'ordre
public, aucune entreprise sur la vie, l'honneur ou les
propriétés des citoyens ; qui refuseroient d'obéir à tous
officiers investis d'une portion de l'autorité légitime,

---

1. Baumont, *Les Fédérations de la Haute-Saône*, etc., dans la revue
la *Révolution française*, t. XIV, p. 887.
2. La ville de Millau, en Rouergue, avait envoyé à l'Assemblée nationale une adresse, en date du 8 août, contenue dans un procès-verbal
d'assemblée de la municipalité et des habitants de cette ville, et qui
fut lue à la séance de l'Assemblée nationale du 21 août, au soir. La
délibération des habitants de Millau tendait à assurer la paix publique, la perception des deniers royaux, l'exécution des lois, l'obéissance
aux tribunaux existants, et à former une association pour le bien public
avec les villes de Villefranche et de Rhodez et toutes les autres communautés qui voudraient y adhérer. L'Assemblée ordonna l'impression
de la délibération de la commune de Millau, et vota des témoignages
de satisfaction à lui donner en son nom par M. le président de l'Assemblée nationale. "uchez, *Histoire de l'Assemblée constituante*, 2ᵉ
édit., t. II, p. 6.)

de payer les impôts existants sanctionnés par l'Assemblée
nationale du 17 juin dernier, ou d'adhérer aux décrets
des États généraux revêtus de la sanction du souverain ;
qui donneroient enfin à la province le scandaleux
exemple d'une conduite illégale ou séditieuse, seront dénoncés à la province, et notamment aux prochains États
provinciaux, flétris du sceau odieux de la révolte et du
crime ; qu'aucune communauté ne pourra, dans aucun
cas, se joindre à elles, ni les secourir ; et que, frappées
de cette excommunication civile, privées de tous leurs
droits, séparées des autres communautés, elles ne
seront comptées parmi elles que pour le paiement des
impôts, à l'octroi desquels elles n'auront pas même
concouru ;

« Que toutes les communautés qui voudront adhérer
à cette résolution patriotique seront tenues d'en instruire au plus tôt les villes chefs-lieux de leur bailliage
respectif, par le fait d'un de leurs échevins chargé de
leur procuration, etc. »

Cet appel à l'union, tout platonique d'ailleurs et bien
conforme à l'esprit de l'époque, ne resta pas sans écho.
Le dimanche 27 septembre, les habitants de Saint-Sauveur, après avoir entendu, à la messe paroissiale, lecture de la délibération du comité de Vesoul, se réunissaient sur la place publique, et, en présence d'un notaire
et de deux témoins, dans la forme où se rédigeaient alors
les délibérations des communautés, ils priaient « avec
instance toutes les villes et bourgs et communautés de
la France entière, celles de leur province et bailliage
en particulier, de les recevoir à une confédération de
fraternité, d'honneur, d'union et de secours pour le salut commun, de vertu, de respect et d'amour pour la

patrie, le roi et la loi ». En même temps, à l'exemple
de Vesoul, ils constituaient un comité, composé d'un
président, de huit assesseurs et de deux secrétaires,
chargé de « manifester leurs vœux et adhésions partout où besoin sera » et investi de tous les pouvoirs
d'une véritable municipalité. Le curé de Saint-Sauveur
et de Luxeuil, Nicolas Mouthon, fut élu « par acclamation » président de ce comité [1].

1. Daumont, *op. cit.*, pp. 888 et suivantes.

II

LES FÉDÉRATIONS EN FRANCHE-COMTÉ

Sommaire. — Traité fédératif des quatorze villes bailliagères. — Premières confédérations de milices nationales. — Fédération de Dôle. — Mémoire lu à la séance de l'Assemblée nationale du 4 juin, par M. de la Tour du Pin, ministre de la guerre. — Fédération de Strasbourg. — Fédération de Besançon.

Le mouvement fédératif, qui avait ainsi pris naissance dans les bailliages de Lons-le-Saunier et de Vesoul, allait bientôt s'étendre à toute la province de Franche-Comté. Le marquis de Langeron, qui commandait à Besançon, avait vu sans déplaisir les premières fédérations ; il les considérait sans doute comme un moyen de remédier à la rupture de tous les liens sociaux, de rendre un peu de cohésion à un pays qui se dissolvait dans l'anarchie. Sur son désir et sur l'invitation du comité des subsistances de la ville de Besançon, les quatorze villes bailliagères de Franche-Comté (Arbois, Baume, Besançon, Dôle, Gray, Lons-le-Saunier, Orgelet, Ornans, Poligny, Pontarlier, Quingey, Saint-Claude, Salins et Vesoul) nommèrent chacune trois députés à l'effet d'établir une alliance entre elles [1]. Il y eut d'abord des dif-

1. Registre municipal de Dôle, du 31 octobre au 11 novembre 1789. — Registre municipal de Besançon, du 5 au 16 novembre 1789. — Baumont, *Les fédérations dans la Haute-Saône et la fédération des 14*

ficultés sur le point de savoir où se réuniraient ces députés ; quelques villes auraient voulu que la réunion eût
lieu à Dôle, qui ne manquait aucune occasion de re-
vendiquer ses droits d'ancienne capitale de la Franche-
Comté. Il fut convenu que le lieu de cette réunion ne
pourrait tirer à conséquence, et qu'en aucun temps ni
en aucune circonstance, on ne pourrait en induire qu'aucune assemblée politique de la province devrait être tenue à Besançon de préférence à toute autre ville. Le 2
novembre, les délégués des quatorze villes, assemblés
en la salle de l'hôtel de ville de Besançon, adoptaient
à l'unanité un traité fédératif, composé d'un préambule,
de trois paragraphes et de trente-six articles, dont le
plus grand nombre réglaient les précautions à prendre
pour empêcher l'exportation des grains hors du royaume
et les accaparements [1]. Le préambule de ce traité im-
pute aux « ennemis de la régénération de l'Etat », c'est-
à-dire, suivant l'expression qui avait cours alors, aux
aristocrates, les plus noirs artifices. Ce sont eux qui
« sèment des alarmes sans fondement dans l'esprit des
citoyens » ; ils se flattent « de les faire passer de la terreur à l'effervescence, de l'effervescence à la violence, et,
de là, à l'anarchie la plus déplorable. Leur prétexte du
moment est celui des subsistances, etc., etc. ».

« Les quatorze villes bailliagères de la province,
poursuit le préambule, et leurs milices nationales contractent donc sur l'autel de la patrie l'engagement le
plus solennel de demeurer unies et confédérées par les
liens de la fraternité la plus étroite. Leurs représentants

---

villes bailliagères de Franche-Comté, dans la revue *la Révolution fra:-
çaise*, t. XIV, pp. 892 et suiv.
    1. *Voir* le texte de ce traité à l'*Appendice, infra*, p. 58.

invitent, ils conjurent les villes, les bourgs, les communautés des campagnes d'adhérer à cette association, qui, par l'influence de l'exemple, peut devenir bientôt le principe de la réunion de tous les Français. » Il est question, comme on l'a remarqué déjà, dans ce passage, de « l'autel de la patrie ». Ce n'est encore ici qu'une métaphore ; on en verra bientôt la réalisation matérielle.

L'article 1er du traité est ainsi conçu : « Entre toutes les villes et toutes les milices ici représentées, il y aura désormais intimité, fraternité et alliance perpétuelle, conformément au vœu de chacune, de manière que tous les habitans d'icelles et tous ceux des villes et villages qui y adhéreront se regardent comme membres d'une seule et même famille. » Dans ce traité, les milices nationales ne figurent qu'accessoirement, à côté des villes. Le comte de Narbonne, en sa qualité de « commandant de la milice nationale de Besançon et autres villes de la province », fut néanmoins prié d'y apposer sa signature.

Ce fut évidemment la confédération des villes et communes qui détermina la confédération des milices. Pour mieux conserver la haute main sur celles-ci, le commandant de la province s'était efforcé de les grouper sous un même chef, qu'il leur indiquait et qui avait sa confiance. Le comte de Narbonne devint ainsi le commandant en chef de toutes les milices du bailliage de Besançon et des bailliages environnants. La milice nationale de Luxeuil avait pour colonel M. de Ferrier, maréchal de camp, et pour lieutenant-colonel M. Belhote, ancien capitaine d'infanterie ; le 29 novembre 1789, les habitants de Fougeroles plaçaient leur milice sous l'autorité des mê-

mes chefs. Le lendemain, la communauté de Corbenay suivait leur exemple. Un peu plus tard, au mois de janvier
1790, les milices de Saint-Bresson, de Villers, d'Abecourt,
d'Ehuns et de Visoncourt s'associaient de la même manière à celle de Luxeuil. Les officiers et gardes nationales de Baudoncourt, de la Chapelle et d'Esboz-Brest,
voulant « déférer avec respect à l'ordonnance de
Mᵍʳ le marquis de Langeron, en date, à Besançon, du 8
du mois dernier », arrêtaient « de s'unir avec les gardes nationales de Saint-Sauveur, pour ne former entre
elles et eux qu'un seul et même tout », et nommaient
pour leur colonel « messire Mouthon, ancien capitaine
de cavalerie, chevalier de l'ordre de Saint-Louis,
demeurant à Luxeuil [1] ».

Mais les confédérations de milices nationales s'éten-
dirent bientôt au delà des limites des anciennes provinces, qui allaient d'ailleurs être remplacées par la division de la France en départements. Le 29 novembre 1789,
en Dauphiné, plus de 12.000 soldats citoyens, dit-on, se
réunissaient au petit bourg d'Étoile, sur les bords du
Rhône, et prêtaient un serment par lequel, « abjurant
toute distinction de province, » ils offraient leurs bras
et leurs fortunes à la patrie « pour le soutien des
lois émanées de l'Assemblée nationale [2] ». Le 13 décembre, une autre réunion de 6.000 hommes avait
lieu sous les murs de Montélimart, et l'on y prêtait
un serment semblable. Le 21 janvier 1790, une confédération encore plus nombreuse et plus solennelle se

1. Baumont, *Les fédérations dans la Haute-Saône*, etc., dans la revue
la *Révolution française*, t. XIV. pp. 907 et suiv.
2. Buchez, *Histoire de l'Assemblée constituante*, 2ᵉ édition, t. II,
p. 215.

célébrait à Valence, entre les gardes nationales du Dauphiné et du Vivarais [1].

Besançon ayant eu sa confédération, Dôle tenait essentiellement à avoir la sienne. Sur l'invitation de la garde nationale de cette ville, un grand nombre de milices de Franche-Comté, quelques-unes d'Alsace et de Champagne, y envoyèrent des députés pour une fête fédérative, qui eut lieu le 21 février et les jours suivants [2]. On a calculé que les délégués qui s'y trouvaient représentaient environ 150.000 hommes. Cette fête commença par une messe, célébrée en l'église paroissiale. Les délégués se rendirent ensuite dans une salle du collège de l'Arc; ils choisirent pour leur président M. de Malet, commandant de la garde nationale de Dôle [3], et nommèrent des commissaires pour rédiger le traité fédératif avec des adresses au roi, à l'Assemblée nationale et à La Fayette. Le 23 février, au matin, tous les députés se réunirent, « dans un appareil militaire et l'épée à la main, » sur la place Louis XVI, et là, « au pied de la statue élevée au Restaurateur de la liberté de l'Amérique et de la France, » ils jurèrent d'observer le pacte fédératif suivant :

« Nous, citoyens, soldats nationaux, représentant les gardes nationales de Franche-Comté et d'une partie des provinces d'Alsace et de Champagne, au nombre de cent cinquante mille hommes, sommes convenus de jurer sur nos armes, en présence de l'ÉTERNEL, en face

1. Buchez, op. cit., t. II, p. 375.
2. V. Procès-verbal de ce qui s'est passé à l'Assemblée générale des gardes nationales confédérées de Franche-Comté, partie d'Alsace et de Champagne, tenue en la ville de Dôle, le 21 février 1790. Dôle, in-8, 1790.
3. C'est lui qui, devenu général, tenta, en 1812, de renverser Napoléon Iᵉʳ.

de la statue de Louis XVI, notre auguste monarque,
Restaurateur de la liberté française, d'être fidèles à la
Nation, à la Loi et au Roi, de respecter et faire respecter
la constitution; d'exécuter et faire exécuter tous les
décrets de l'Assemblée nationale acceptés ou sanctionnés
par le Roi; d'assurer la perception de toutes les impo-
sitions légalement établies; de rester inviolablement
unis; de nous secourir mutuellement dans toutes les circonstances où quelques-unes des gardes nationales de
nos villes, bourgs ou communautés pourraient être
attaquées ou inquiétées injustement; enfin, d'assurer les
propriétés particulières contre tous les individus ou
associations quelconques qui tenteraient de les violer. »

Ce pacte fut signé par tous les députés des gardes
nationales, par une députation des élèves du collège de
Dôle et par les officiers municipaux de la ville. On
décida que les municipalités de toutes les villes, bourgs
et communautés confédérés seraient priées de faire trans-
crire le pacte fédératif sur leurs registres, « pour être
à jamais un gage sacré de l'union et de la fraternité
qui régnera toujours parmi nous. »

Besançon, malgré sa rivalité avec Dôle, était repré-
senté à cette fête par le commandant et d'autres officiers
de sa milice. Le 26 février, à la séance du conseil général de la commune, M. de Narbonne vint rendre
compte « de la confédération des gardes nationales de
la province » à laquelle il avait assisté « comme chef
et député de la garde de Besan... », et il constatait que
« l'on avait eu pour lui et ses commettants les égards
dus à la garde nationale de la capitale de la province[1] ».

1. Registre du conseil général de la commune de Besançon, 26
février 1790.

Cette province, dont Besançon persistait ainsi à s'attri-
buer la préséance, n'avait pourtant déjà plus d'existence
légale, et le président de la confédération de Dôle avait
pu dire en toute vérité dans son discours : « C'est
peut-être la dernière fois que la nation franc-comtoise
pourra se réunir, pour faire un pareil acte. Elle sera
divisée en départements ; mais, sans contrarier les sages
motifs qui ont dirigé l'Assemblée dans cette division,
souvenons-nous toujours que nous sommes frères et
amis. »

Dans les premiers mois de 1790, les fêtes fédératives
se multiplient dans toute la France. Elles offrent parfois
des réunions de quinze, vingt, trente, cinquante mille
hommes [1]. Les gardes nationales ne sont plus seules à
y participer ; l'armée de ligne y vient aussi. Comme on
n'y parlait que des bienfaits de la Révolution et de la
liberté, il est à présumer que la discipline militaire n'en
était guère fortifiée. Néanmoins, le roi, ne pouvant s'opposer à ces réunions, prit le parti de les autoriser. A
la séance de l'Assemblée nationale du 4 juin, M. de la
Tour du Pin, ministre de la guerre, vint lire un mémoire
dans lequel, après avoir fait un tableau navrant de l'état
de désorganisation où étaient tombés tous les régiments,
il concluait assez inopinément en disant que le roi l'a-

---

1. « Le 30 mai, à Lyon, disent MM. Buchez et Roux (*Histoire par-
lementaire de la Révolution française*, t. VI, p. 271), cinquante mille
hommes, représentants de plus de cinq cent mille, s'assemblèrent e
vinrent se former en bataille autour d'une construction qui figurait un
rocher de cinquante pieds de haut, couvert d'arbustes, qui contenait
dans son sein le *Temple de la Concorde*. Au sommet du rocher était une
statue colossale de la Liberté, tenant d'une main une pique surmontée
du bonnet phrygien, et de l'autre une couronne civique. Au pied de
la statue était un autel. Tous les drapeaux furent apportés sur les
gradins taillés dans le rocher. Une messe solennelle fut chantée, et le
serment civique prononcé. La fête fut terminée par un feu d'artifice,
des bals et des repas. »

vait chargé d'écrire une lettre circulaire à l'armée pour la déterminer à prendre part aux fédérations. « Il a vu avec satisfaction, disait le ministre, les sentiments de respect pour la Constitution et pour les lois et d'amour pour sa personne, manifestés dans ces différentes occasions. Il a pensé qu'il était à propos que chaque régiment prit part à ces fêtes civiques pour resserrer l'union de tous les citoyens. » Si cette fin de discours avait pour objet de provoquer les applaudissements de l'Assemblée, elle y réussit, comme on le pense bien, de la manière la plus complète.

A partir de ce moment, aucune fédération n'a plus lieu sans la présence des troupes, et aucune place militaire importante ne manque d'offrir une fédération à sa garnison.

Le 13 juin, se célébrait la fédération de Strasbourg[1]. Elle réunissait, avec les troupes de la place, les délégués des gardes nationales du Haut et du Bas-Rhin, de la Meuse, de la Meurthe, de la Moselle, des Vosges, de la Haute-Marne, du Jura, du Doubs et de la Haute-Saône. Le nombre de ces délégués, venus de Lorraine, de Champagne, de Bourgogne et de Franche-Comté, s'élevait à plus de deux mille. La cérémonie eut à la fois, comme c'était l'usage alors, un caractère patriotique et religieux. Commencée par une messe, elle se termina par un chœur exécuté par des jeunes filles protestantes. Un chanoine catholique et deux pasteurs, l'un luthérien et l'autre calviniste, y prirent tour à tour la parole. Le maire de la ville, le baron de Diétrich, qui mourut quelques années plus tard sur l'échafaud, prononça le

1. V. Seinguerlet, L'Alsace française. Strasbourg pendant la Révolution. Paris, 1881, 1 vol. in-8, pp. 46 et suiv.

premier la formule du serment civique. Ce serment fut
ensuite prêté individuellement par les chefs, et collecti-
vement par l'armée confédérée, dont tous les soldats,
levant la main droite, crièrent ensemble: « Je le jure!»
Le lendemain, 14 juin, les gardes nationaux strasbour-
geois et leurs hôtes, s'étant rendus sur les bords du
Rhin, plantèrent au pont de Kehl un drapeau tricolore
avec cette inscription: « Ici commence le pays de la
liberté. » Hélas! cent ans plus tard, le drapeau comme
l'inscription n'y seraient également plus à leur place !

Voici maintenant la fédération de Besançon. Elle a
lieu le 16 juin. «Dans le milieu de la vaste étendue du
Champs-de-Mars, dit le 'procès-verbal[1], étoit un tertre
de soixante pieds de base sur le sommet duquel s'éle-
voit un stylobate de marbre blanc, dont les quatre faces
étoient ornées de fleurs de lys d'or et de branches de
chêne; le côté en face de la montagne de Plainoise
portoit cette inscription : LA NATION, LA LOI, LE ROI. Ce
monticule étoit couvert de gazons, planté de jeunes
chênes, avec différens arbustes; et au-dessus du stylobate étoit placé le buste de Louis XVI; sur les gradins
gazonnés, pratiqués au même monticule, étoient cinq
jeunes enfants, habillés, le premier en uniforme de
garde nationale, le second en uniforme du régiment
de Piémont, le troisième en uniforme d'artillerie, le
quatrième en uniforme du régiment de Monsieur, le
cinquième enfin en uniforme de Dauphin-cavalerie.
Ces cinq enfants, se tenant par la main, étoient le signe
de l'union intime qui alloit se contracter entre les
troupes de ligne et les gardes nationales.

1. Registre du conseil général de la commune de Besançon, 16
juin 1790.

« Le conseil général de la commune s'est placé à la
droite du monticule, le corps administratif du département a pris la gauche.

« Les régimens de Piémont-infanterie, du corps
royal d'artillerie de Metz et de Monsieur-infanterie, les
gardes nationales et le régiment de Dauphin-cavalerie
formoient dans le Champ-de-Mars, autour du tertre et
à distance égale, une enceinte ou bataillon quarré, et
ces différens corps avoient leurs drapeaux ou guidons
déployés.

« En face du buste de Sa Majesté, étoit le marquis
de Toulongeon, commandant des troupes en Franche-
Comté, entouré de MM. de l'état-major, de MM. les
commissaires des guerres et d'un grand nombre de
personnes de distinction.... »

Le marquis de Toulongeon avait remplacé depuis un
mois seulement, comme commandant des troupes de la
province, le marquis de Langeron. Après des discours
prononcés par le président du directoire du département du Doubs et par le maire de Besançon, il prit à
son tour la parole. « Le roi, dit-il, en autorisant les
troupes de ligne à se confédérer avec les milices nationales, ajoute à toutes les preuves qu'il a déjà données
de son amour pour le peuple français et de son attachement pour la Constitution, contre laquelle je ne vois
plus désormais aucune puissance à craindre. D'après
des témoignages si authentiques, qui de nous pourrait
douter des sentiments de l'auguste monarque, qui mérite
à si justes titres notre fidélité, nos respects et notre
reconnaissance?...

« Jurons, s'écrie M. de Toulongeon en terminant,
jurons d'être fidèles à la Nation, à la Loi, au Roi, et de

maintenir de tout notre pouvoir la Constitution dont nous attendons tout notre bonheur. » Ce serment est répété par tous les officiers, sous-officiers et soldats, la main droite levée, et la cérémonie finit au milieu des cris de : Vive la Nation! Vive le Roi !

On était au 16 juin 1790. Moins d'un mois plus tard devait avoir lieu la Fédération générale de toute la France.

En achevant ce récit des fédérations franc-comtoises, il convient de constater qu'elles n'avaient pas été tout à fait une vaine parade. Elles avaient eu d'abord un but réellement utile : celui de défendre le pays contre les malfaiteurs, de remédier à l'anarchie et de prévenir la disette. Elles n'étaient donc pas seulement inspirées, comme on pourrait le croire à la lecture des historiens, par cette sentimentalité vague et niaise qui était à la mode au xviiie siècle. Si elles furent, comme on l'a dit, le dernier acte de la nation franc-comtoise, au moment où elle allait s'absorber dans l'unité française, on doit tout au moins reconnaître à cet acte un motif sérieux et pratique, par lequel il est encore digne du caractère comtois.

III

PRÉLIMINAIRES DE LA FÉDÉRATION NATIONALE

SOMMAIRE. — Présentation du projet de la Fédération par Bailly à l'Assemblée nationale. — Rapport de Talleyrand. — Anacharsis Clootz et le Comité des étrangers. — Motion d'Alexandre de Lameth. — Décret du 20 juin sur la statue de Louis XIV. — Remerciements adressés de Franche-Comté à Lameth. — Élections des députés à la Fédération.

Fédération ! Ce mot avait retenti depuis un an à travers toute la France. Ce genre d'association apparaissait comme un remède à la décomposition universelle. Des alliances défensives avaient été conclues successivement entre les communautés, entre les villes, entre les gardes nationales d'un même district, puis s'étaient étendues à toutes les gardes nationales d'une province ou d'une région. L'idée d'une fédération générale de toute la France devait nécessairement sortir de ces fédérations particulières. Des pétitions furent envoyées à l'Assemblée nationale par diverses villes pour demander cette fédération. Les jacobins de Paris en étaient, paraît-il, peu partisans : ils connaissaient la vigueur du sentiment royaliste qui animait encore la plupart des Français, et redoutaient, sans doute, les manifestations solennelles de ce sentiment, qui pourraient rele-

ver le prestige de la royauté[1]. Mais le roi lui-même venait, en quelque sorte, de s'associer au vœu des provinces, en autorisant par son message du 4 juin les fédérations des gardes nationales et des troupes de ligne. La
commune de Paris comprit qu'il était temps pour elle,
si elle ne voulait se laisser devancer, de prendre l'initiative de la grande fédération qui réunirait les députés
de toutes les gardes nationales et de toutes les troupes
et les associerait par un serment unique et solennel[2].

Le 5 juin, dès le lendemain du message du roi, Bailly,
maire de Paris, vint, à la tête d'une députation, proposer à l'Assemblée nationale d'adopter le projet de la
Fédération et de décider qu'elle aurait lieu le 14 juillet,
jour anniversaire de la prise de la Bastille : « C'est le
14 juillet, disait-il, que nous avons conquis la liberté;
ce sera le 14 juillet que nous jurerons de la conserver. » L'Assemblée approuva la proposition et chargea
le comité de constitution de lui présenter un rapport
sur le mode d'élection et le nombre des députés qui seraient envoyés par les provinces.

Ce rapport fut apporté à la tribune, le 7 juin, par
Talleyrand, évêque d'Autun. « Le comité a pensé, dit-il,
que cette fête vraiment nationale ne pourrait se faire
avec trop de solennité; qu'une telle fête, en réveillant
des souvenirs glorieux, en resserrant les liens de la
fraternité entre tous les citoyens, en rendant sensible à
tous les yeux le patriotisme qui anime tous les Français,
achèvera de persuader aux ennemis de la Révolution,

1. V. J. Michelet, *Histoire de la Révolution française*. Paris, Chame-
rot, 1847, t. II, p. 181.
2. V. Aug. Dide, *Les fédérations rurales en 1790 et la fête du 14
juillet*, dans la *Revue de la Révolution*, t. I, pp. 9 et suivantes.

s'il en existe encore, combien seraient vains les efforts qu'ils pourraient faire pour la détruire. » La commune de Paris avait demandé que les députés à la Fédération « fussent pris, moitié dans l'ordre civil, moitié dans la garde nationale ». Le comité ne fut pas d'avis d'appeler des délégués civils. Voici les motifs qu'en donna Talleyrand : « Quant aux officiers civils, dont on a demandé aussi une députation, le comité a pensé qu'il est constitutionnel que tout citoyen soit soldat, quoique tout citoyen n'exerce pas et ne doive pas exercer... L'état d'un peuple libre est que tout homme qui réunit les conditions puisse délibérer comme actif et défendre la constitution et les lois comme soldat. Appeler ceux-ci pour la Fête nationale, c'est appeler tous les citoyens sous leur rapport de soldat : c'est la France armée qui va se réunir; ce n'est pas la France délibérante. » Il est assez remarquable que le principe du service universel ait été ainsi proclamé dès le début de la Révolution.

L'Assemblée nationale consacra plusieurs séances à discuter les conditions dans lesquelles aurait lieu la Fédération. Un incident qui se produisit à la séance du 19 juin intéresse particulièrement la Franche-Comté.

Anacharsis Clootz, ce Prussien qui joua un certain rôle pendant les premières années de la Révolution, était venu, à la tête d'une troupe d'étrangers plus ou moins authentiques, et qui, à l'en croire, comprenait jusqu'à des Tartares, des Éthiopiens et des Chaldéens, demander pour cette bande, qualifiée de *Comité des étrangers*, une place à part dans les cérémonies de la Fédération. Le discours ridicule, prononcé par Clootz, était émaillé de phrases comme celle-ci : « Le bonnet

de la liberté, que nous élèverons avec transport, sera
le gage de la délivrance prochaine de nos malheureux
concitoyens. » Ou encore : « Les ambassadeurs des ty-
rans ne pourraient honorer votre fête auguste comme
la plupart d'entre nous. » L'Assemblée constituante
n'hésita pas à accorder à ces représentants du genre
humain régénéré la place distincte qu'ils sollicitaient.

Au milieu des acclamations qui accueillirent cette sin-
gulière décision, un député qui siégeait à l'extrême
gauche, Alexandre de Lameth, fit une motion d'un autre
genre: «... Le jour, dit-il, où les députés de toutes les
provinces se rassembleront pour jurer cette Constitution
qui promet à tous les Français la liberté et l'égalité ne
doit pas rappeler à quelques-unes d'elles des idées
d'humiliation et de servitude. Les figures représentant
quatre provinces dont les députés ont toujours été
comptés dans cette Assemblée parmi les plus fermes
appuis des droits de la nation sont enchaînées, comme
les images de peuples tributaires, au pied de la statue
de Louis XIV; souffrirons-nous, Messieurs, que les
citoyens qui viendront jurer la Constitution pour ces
généreuses provinces aient les yeux frappés d'un spectacle que des hommes libres ne peuvent supporter? Ces
monuments de l'orgueil ne peuvent subsister sous le
règne de l'égalité... Je fais la motion que les quatre
figures enchaînées qui sont au bas de la statue de
Louis XIV, à la place des Victoires, soient enlevées
avant le 14 de juillet. »

L'une de ces figures représentait, disait-on, le peuple
comtois [1]. Un député de Franche-Comté, Gourdan, de

1. C'était une fausse opinion. Ces figures représentaient « l'Espagnol.
le Hollandais, l'Allemand et le Turc, tour à tour vaincus ». V. *Notices his-*

Monument de la Place des Victoires.

LA STATUE DE LOUIS XIV DE LA PLACE DES VICTOIRES
EN 1790

Gray, futur régicide, s'empressa d'appuyer la demande de Lameth : « J'adhère, dit-il, à cette motion, comme Franc-Comtois ; depuis longtemps elle était écrite dans mon cœur et dans celui de tous mes compatriotes, qui ont toujours abhorré l'esclavage. »

Au même instant surgit une proposition nouvelle, celle de l'abolition de tous les titres de noblesse. Elle est soutenue par divers orateurs, notamment par Charles de Lameth, frère d'Alexandre, et par La Fayette; elle est combattue par d'autres. L'abbé Maury prend la parole et combat tout à la fois cette seconde proposition et celle de Lameth : « Je crois, dit-il, qu'il ne faut pas toucher à la statue de Louis XIV. La philosophie doit conserver ce monument pour montrer à la postérité comment on flattait les rois. Il fut trop flatté pendant sa vie, mais trop méprisé après sa mort. C'est un roi qui n'avait peut-être pas autant de grandeur dans le génie que dans le caractère; mais il est toujours digne du nom de *Grand*, puisqu'il a agrandi son pays. Quand vous érigerez des monuments, vous ferez voir la diffé- rence qu'il y a du xviie au xviiie siècle. Vous leur don- nerez un but moral qui élèvera l'âme des rois. Mais il ne faut pas pour cela dégrader aux yeux du peuple des rois ensevelis dans la tombe et porter ainsi de terribles atteintes à la dignité royale. » Maury parle ensuite de la suppression des titres de noblesse. La discussion continue sur ce point. Alexandre de Lameth revient à la charge. « Je me borne à demander, dit-il, la des- truction de tous les emblèmes de la servitude, tels que

loriques sur la place des Victoires et sur la place Vendôme, par A. de Boislisle, dans les Mémoires de la Société de l'histoire de Paris et de l'Ile-de-France, t. XV, 1888, p. 55.

ceux qui sont aux pieds de la statue de Louis XIV à la
place des Victoires, et qu'ils soient remplacés par d'autres qui rappellent les principaux événements de notre
heureuse Révolution. On peut décréter le principe, sauf
la rédaction. » Cette nouvelle demande suscite une série
de propositions diverses. Un membre insiste pour que
l'exécution soit confiée à des gens de l'art et pour qu'en
attendant on mette la statue sous la sauvegarde de la
loi. Un autre n'est pas d'avis de substituer aux figures
détruites des emblèmes rappelant les événements de la
Révolution ; il demande qu'on y mette les attributs des
arts qui ont fleuri sous Louis XIV. Un autre demande
que ces monuments soient conservés soigneusement
pour servir de modèles aux artistes. Un autre encore
réclame la suppression de la légende qui se lit sur les
canons : « *Ultima ratio regum.* » Un autre enfin
déclare qu'étant fils d'un protestant réfugié, il propose
qu'à la place des emblèmes de servitude qui doivent
être détruits, on mette la révocation de l'édit de Nantes.
Au milieu de cette discussion confuse, la parole la plus
sage fut dite par le comte de Montlosier : « Il n'est
pas plus permis de falsifier des monuments que des
chartes. » Enfin, l'Assemblée, écartant tous les amen-
dements, adopta en principe la motion de Lameth. Un
moment après, elle votait aussi, comme on sait, l'a-
bolition de tous les signes de noblesse. La rédaction des
deux décrets ne fut définitivement arrêtée qu'à la séance
suivante. Voici celui qui concerne la statue de
Louis XIV : « L'Assemblée nationale, considérant qu'à
l'approche du jour qui va réunir tous les citoyens de
l'empire pour la Fédération générale, il importe à la
gloire de la nation de ne laisser subsister aucun monu-

ment qui rappelle des idées d'esclavage affligeantes pour la nation et pour les provinces réunies au royaume; qu'il est de la dignité d'un peuple libre de ne consacrer que des actions jugées et reconnues grandes et utiles, a décrété et décrète que les quatre figures enchaînées aux pieds de la statue de Louis XIV seront enlevées avant le 14 juillet prochain, et que le présent décret, après avoir été sanctionné par le roi, sera envoyé à la municipalité de Paris pour en suivre l'exécution. » Conformément à ce décret, les quatre figures furent enlevées, et c'est même grâce à cette circonstance qu'elles ont échappé à la destruction. La statue de Louis XIV, chef-d'œuvre du sculpteur Desjardins, fut plus tard renversée et brisée; les quatre figures emblématiques ont été conservées et sont aujourd'hui adossées aux pavillons qui terminent la façade de l'hôtel des Invalides [1].

Alexandre de Lameth, qui avait obtenu ce décret, avait deux frères, dont l'un, Charles, était comme lui membre de la Constituante, et l'autre, Théodore, était colonel du régiment de Royal-étranger, en garnison à Dôle. Grâce probablement à la renommée patriotique de ses frères, Théodore de Lameth avait été nommé

[1]. V. *Gazette des beaux-arts*, 17° année, 2° période, t. XII, 1875, p. 51, article de M. Louis Courajod, contenant le rapport de J.-B.-V. Lebrun, sur la demande, faite à la commission temporaire des arts, des bronzes qui peuvent être livrés à la fonte et qui sont déposés au dépôt national du Roule,15 vendémiaire an II.Dans ce rapport,Lebrun propose de conserver : « 1° les quatre figures venant du pied de la statue de la place des Victoires, chef-d'œuvre de la sculpture française, par Desjardins; 2° les superbes casques, étendards, sabres et autres objets du même goût et des plus belles formes qui en dépendent; etc. » V. sur l'ancien monument de la place des Victoires : J.-B. de Saint-Victor, *Tableau historique et pittoresque de Paris, depuis les Gaulois jusqu'à nos jours*, 2° édit., Paris, 1822, t. II, 1re partie, pp. 503 et suiv.; atlas, planches 73 et 74; A. de Boislile, *op. cit.*, pp. 86 et suiv.

président de l'assemblée des électeurs du département du Jura, tenue à Arbois du 7 au 13 avril 1790, et il devint quelques mois plus tard président du directoire du département [1]. Lorsque le décret du 20 juin arriva à Lons-le-Saunier, le directoire se réunit extraordinairement, et, considérant que « ce décret était un bienfait commun aux trois départements de la province de Franche-Comté, qui devait également exciter leur reconnaissance ». décida « qu'il serait fait au nom des trois départements une adresse à l'Assemblée nationale pour lui offrir le tribut de reconnaissance que lui doivent les Franc-Comtois, flattés de voir détruire un monument humiliant, incompatible avec les sentiments d'honneur et de liberté qui les animent ; que cette adresse serait envoyée à MM. les députés de la province pour être présentée à l'Assemblée le 14 juillet, dans le moment où le serment général de tous les re-

---

1. *Annuaire du département du Jura pour l'année 1847*, par Désiré Monnier, pages 191 et 228. — D'après le Dictionnaire biographique de Feller, « les trois frères de Lameth (ils étaient quatre : l'aîné, le marquis de Lameth ne prit aucune part à la Révolu. tion). comblés des bienfaits de la cour et élevés par les soins particuliers de la reine. sur la recommandation de leur respectable mère, sœur du maréchal de Broglie, semblaient plus que tout autre appelés à défendre les droits de la monarchie. Théodore était parti pour l'Amérique au moment de la guerre de l'indépendance : il en était revenu avec le grade de colonel en second et avait obtenu le commandement du régiment de Royal-Étranger, avec une pension. Il était lié avec La Fayette. » (*Annuaire du département du Jura*, 1847, p. 230, note 3.) — « La nomination de Lameth fut vivement improuvée par les jacobins de Lons-le-Saunier, qui l'accusaient d'avoir acheté, dans le Jura, où il était étranger, une maison de 600 francs, la veille des élections. pour prendre place parmi les administrateurs ; ils l'accusaient, avec assez de raison et de vérité, de *seconder les vues de l'aristocratie bourgeoise, pour réaliser les siennes, et d'avoir déjà dans sa poche la liste de nos seconds législateurs, où il ne s'est point oublié.* » (Sommier, *Histoire de la Révolution dans le Jura*, p. 37.) Théodore de Lameth fut, en effet, élu député du Jura à l'Assemblée législative. Par la suite, il dut émigrer, ainsi que ses autres frères.

PORTRAIT D'ALEXANDRE DE LAMETH

présentants d'un peuple libre mettra le dernier sceau à
la représentation de ce vaste empire... ». Il fut décidé
en outre qu'on écrirait à l'auteur de la motion et à son
frère, membre du département, « pour leur exprimer
les sentiments dûs à leur patriotisme et à leurs vertus
civiques. » Les directoires des départements du Doubs
et de la Haute-Saône adhérèrent à cette délibération,
et l'adresse à l'Assemblée nationale fut rédigée par des
commissaires désignés à cet effet.

D'après les dispositions adoptées par l'Assemblée
pour le choix des députations à la fête de la Fédération,
les gardes nationaux de chaque commune devaient
d'abord choisir six hommes sur cent, et ces délégués
du premier degré devaient se réunir au chef-lieu de
chaque district, pour choisir, à leur tour, les députés, à
raison de deux hommes sur cent. Les frais de voyage
étaient à la charge des districts. Pour l'armée, il n'y
avait aucun choix à faire : c'étaient les officiers, sous-
officiers et soldats les plus anciens du service, présents au corps, qui devaient être députés, en plus ou
moins grand nombre, suivant l'importance des régiments.

Les élections pour les députations des gardes nationales eurent lieu dans les chefs-lieux de district de
Franche-Comté à partir du 26 juin. —Pour le district de
Besançon, les électeurs du second degré étaient convoqués le lundi 26 juin ; mais l'élection ne fut terminée
que le 28. La députation se composait d'un aumônier,
d'un médecin, d'un chirurgien, de 69 députés et de 2
tambours [1]. — Dans certains villages, assez rares pro-

1. V. le procès-verbal de l'élection, à l'*Appendice, infra*, page 99.

bablement, il n'y avait encore pas de garde nationale, car, à la date du 24 juin, le district de Baume décidait qu'invitation serait faite « aux municipalités dans lesquelles la garde nationale ne serait point encore formée de députer six sur cent citoyens qui se trouveront parmi elles en état de porter les armes, afin de n'être pas privées de l'inestimable avantage de concourir à un acte de patriotisme aussi important [1] ». — Beaucoup de députés des campagnes n'avaient pas d'armes. Sur la demande des districts, le directoire du département du Doubs sollicita et obtint du commandant de la province la délivrance de 70 fusils, qu'il dut encore faire réparer et qui furent distribués aux députés à leur passage à Besançon [2]. — Enfin, les districts représentèrent qu'il était nécessaire de faire des avances de fonds à la plupart des députés pour leurs frais de voyage, et ils demandèrent au département les moyens d'y pourvoir. On décida que chaque député recevrait à Besançon 3 louis ou 72 livres, à charge par les districts qui, d'après la loi, devaient supporter la dépense, de s'obliger à faire remettre les fonds au trésorier qui en aurait fait l'avance. A leur retour, les frais de voyage et de séjour des députés furent taxés par les districts, de concert avec le département, à raison de 5 livres par jour. Le voyage ayant duré environ un mois, plus ou moins, suivant les distances, chaque député reçut en moyenne 150 livres, sous déduction des 72 livres qui avaient été payées d'avance [3].

1. Registre des délibérations du conseil de district de Baume-les-Dames. (Archives du département du Doubs.)
2. Registre des délibérations du conseil du département du Doubs, 30 juin et 1er juillet 1790. (Archives du Doubs.)
3. Registres des délibérations des conseils de district de Baume-les-

A Baume, 18 gardes nationaux non députés demandèrent à suivre à Paris, armés et en corps, les 43 députés du district. Mais le conseil du district (s'opposa à
leur départ, « à raison du schisme qui régnait depuis
longtemps dans la ville et de la mésintelligence d'une
partie de la milice avec l'autre et la milice des campagnes, par l'opposition des principes sur lesquels ont
été dirigées les actions et les opinions des uns et des
autres [1]. »

L'élection ou le départ des députés à la Fédération
furent, en certains endroits, l'occasion de fêtes religieuses et patriotiques. Voici en quels termes un journal du
Jura, *le Réviseur*, rapporte ce qui se passa à Orgelet
le 27 juin : « Jamais spectacle plus imposant n'avait
frappé nos regards et enchaîné notre admiration ! Huit
cents électeurs, rassemblés de toutes les parties du district, parurent dans le temple de la liberté. Notre premier tribut de respect a été pour la divinité. Un autel
patriotique a reçu notre encens, par les mains du prêtre
le plus patriote; et, après avoir rendu à Dieu ce qui
appartient à Dieu, nous nous sommes empressés de
rendre à la nation ce qui appartient à la nation. » Le
prêtre patriote dont il s'agit était le curé Champion,
président du district [2]. Dans le discours qu'il adressa

Dames, d'Ornans, de Pontarlier, de Quingey, de Saint-Hippolyte, *passim*. Registre du conseil général du département du Doubs, 30 juin, 1ᵉʳ
juillet, 3 juillet 1790. Registre du directoire du département du Doubs,
13 août, 10 septembre, 25 septembre 1790. (Archives du Doubs.)

1. Registre des délibérations du conseil de district de Baume-les-
Dames, 2 juillet 1790. Registre du conseil du département du Doubs,
2 juillet 1790. (Archives du Doubs.)

2. L'abbé Félix Champion, curé de Vorles, avait, le 30 avril 1790,
réuni chez lui vingt-neuf curés et vicaires et leur avait fait signer une
adresse d'adhésion aux décrets de l'Assemblée nationale relatifs aux
biens du clergé. (*Annuaire du département du Jura pour 1847*, par

aux députés, il s'écriait : « Dites aux braves Parisiens, aux vainqueurs de la Bastille, que le cri de la liberté a retenti dans tous les cœurs ; que tous les Français sont leurs amis, leurs admirateurs et leurs rivaux ! Dites à tous vos frères d'armes de la France que nos âmes, fières et courageuses, ont secoué pour toujours le joug de l'esclavage ; que nous renoncerons plutôt à la vie qu'à la liberté; qu'aucun pouvoir humain ne peut nous remettre dans les fers !... [1] »

Désiré Monnier, pp. 179 et suiv.) Cette adresse trouva de nouveaux adhérents à la réunion des électeurs du département du Jura, qui eut lieu à Dôle du 7 au 13 mai 1790, et le curé Champion fut élu membre du conseil du département. Il fut aussi nommé président du directoire du district d'Orgelet (même *Annuaire*, pp. 191 et suiv.). Il devait bientôt après, en cette seconde qualité, provoquer les premières mesures de rigueur contre son évêque, M. de Chabot, qui refusait de reconnaître la constitution civile du clergé. (*V.* même *Annuaire*, p. 241 et suiv.)

[1]. Sommier, *Histoire de la Révolution dans le Jura*, p. 36 ; *Annuaire du département du Jura pour 1847*, p. 198.

IV

L'ARRIVÉE DES DÉPUTÉS FRANC-COMTOIS A PARIS. — LA FÊTE
DU 14 JUILLET

Les députés à la Fédération se mirent en route dans
les premiers jours de juillet. Leur voyage ne fut pas
favorisé par le temps : une pluie violente et persistante
les accompagna dans presque toutes leurs étapes. Des
détachements de la garde nationale parisienne vinrent
à leur rencontre et les accueillirent avec de grandes
démonstrations d'amitié. « Malgré la pluie qui tombait
en abondance, écrivait un jeune garde national de la
Haute-Saône, dans une lettre adressée à ses parents [1],
nous fîmes une entrée très brillante à Paris, lundi 12 du
courant. Nous employâmes cette journée à reconnaître
nos logements. »

L'arrivée des gardes nationaux du Jura se trouve

---

1. Cette lettre a été communiquée à la Société d'émulation du Doubs,
le 11 janvier 1890, par M. le baron de Prinsac. Elle paraîtra dans les
Mémoires de la Société.

relatée dans un factum du temps [1]. Leur bataillon, précédé d'une musique nombreuse, rencontra à Charenton
un détachement de grenadiers et de chasseurs de la garde
parisienne. Après les compliments et les embrassades du
premier moment, les grenadiers prirent la tête de la co-
lonne et les chasseurs se placèrent à l'arrière-garde. On
entra dans cet ordre à Paris, au milieu des acclamations
de la foule. La troupe suivit les boulevards jusqu'à la porte
Saint-Denis, et se rendit à la place des Victoires. Là,
elle s'arrêta, fit cercle autour de la statue de Louis XIV,
et le commandant du bataillon, Malet, de Dôle, prononça
le discours suivant : « Fiers citoyens du Jura, contem-
plez ce monument qui, pendant un siècle et naguère
encore, offrait le spectacle humiliant de votre patrie en-
chaînée. Ces emblèmes de servitude ont été détruits.
Vous le devez aux représentants du peuple français.
Que ceux qui nous écoutent jugent le prix que nous met-
tons à la liberté, par l'expression de notre reconnaissance envers l'auguste Assemblée nationale et le citoyen
généreux, M. Alexandre de Lameth, qui dans son sein
réclama le premier l'anéantissement de ces honteux trophées. Vive la liberté ! Vive l'Assemblée nationale ! Vivent
les frères de Lameth ! » Ces vivats sont répétés par les
gardes nationaux jurassiens et par la foule, puis le
bataillon, toujours escorté des gardes parisiens, se remet
en marche. Passant devant la porte du club des Jacobins, il s'arrête pour rendre hommage à cette association, qui s'appelait alors la *Société des amis de la constitution*; il fait une seconde station devant la salle de
l'Assemblée nationale, et vient ensuite se ranger en

1. Ce factum est reproduit dans l'*Annuaire du département du Jura
pour l'année 1857*, pp. 201 et suiv.

bataille devant le palais des Tuileries. Le roi, qui est
prévenu, paraît à une fenêtre, avec la reine et leurs
enfants. Le bataillon leur présente les armes et les salue
des cris de : « Vive le roi! vive la reine! vive le dauphin! »
Ces acclamations redoublent lorsqu'on voit le roi embras-
ser son fils, que la reine tenait dans ses bras. Quand la famille royale se fut retirée, le détachement se dirigea vers
l'Hôtel-de-Ville, pour y recevoir ses billets de logement.

La députation du Jura avait été choisie, paraît-il,
parmi les hommes les plus grands et les plus beaux du
département. Aussi leur apparition fit, dit-on, grande
sensation à Paris. Le roi les complimenta sur leur belle
taille. Eux-mêmes s'amusèrent beaucoup de l'effet d'é-
tonnement qu'ils produisaient sur la population parisienne. Plusieurs ont raconté qu'on leur avait demandé
s'il était vrai que, chez eux, on mettait le matin devant
les portes des écuelles pleines de *gaudes* pour donner à
manger aux ours de leurs montagnes [1] !

Le mardi 13 juillet, les députés de tous les départements furent assemblés aux Champs-Élysées et au jardin des Tuileries pour être passés en revue par le roi.
Mais la pluie, qui ne cessa de tomber, ne permit pas à
Louis XVI de parcourir leurs rangs. Il se plaça sous la
voûte du palais et tous les fédérés défilèrent devant lui.
« Les Comtois, écrit le jeune homme de la Haute-Saône,
y furent remarqués et applaudis. » La Fayette adressa,
en cette circonstance, un discours au roi, qui y fit une
réponse « pleine de justesse et de sensibilité ». Les paroles du roi excitèrent un grand enthousiasme. Il y eut
tant de cris de Vive le roi ! que Charles de Lameth,
qui considérait cette scène du haut de la terrasse des

1. *Annuaire du départe...ent du Jura pour l'année 1847*, p. 204.

Feuillants, en fut indigné et s'écria : « Malheureux, vous n'êtes pas dignes de la liberté ¹ ! »

Le reste de la journée fut employé à s'apprêter pour le lendemain.

Le lendemain, mercredi, c'était le grand jour, c'était cette fête de la Fédération, qui a été tant de fois décrite. Elle est bien connue, et je me bornerai à la résumer très brièvement.

Cette fête eut lieu au Champ-de-Mars. Chacun sait qu'on avait résolu de le transformer en un cirque immense, et que, pour achever le travail avant le jour de la fête, on dut faire appel à tous les citoyens de bonne volonté. Un témoin impartial, Mallet du Pan, a dépeint comme il suit le tableau que présentait le Champ-de-Mars dans les jours qui précédèrent le 14 juillet :

« Chaque jour on voyoit passer de nombreuses processions, armées de pelles, tambours battant et bannières déployées ; les femmes partagèrent bientôt l'enthousiasme et le propagèrent ; il passa à toutes les corporations ; on l'inculqua aux moines, aux séminaristes, aux sœurs converses. Les chartreux, dont plusieurs avoient vieilli dans la solitude de leur cloître, en furent tirés, promenés dans les rues, la pelle sur l'épaule, et conduits au Champ-de-Mars. Sur cette arène, la courtisane échevelée se trouvoit à côté de la citoyenne pudibonde ; le capucin traînoit le haquet avec le chevalier de Saint-Louis ; le porte-faix avec le libertin du Palais-Royal ; la robuste harengère rouloit la brouette, remplie par une élégante. Le peuple aisé, le peuple in-

---

1. On prête aussi à Mirabeau ce mot : « Que voulez-vous faire d'une nation qui ne sait que crier : Vive le roi ? » (Buchez, *Histoire de l'Assemblée constituante*. 2ᵉ édition, t. III, p. 284.)

digent, le peuple vêtu, le peuple en haillons, vieillards.
femmes, communautés religieuses, académies, comé-
diens, etc., formoient cet atelier immense et mobile, dont
chaque point offroit un groupe curieux, une scène de car-
naval ou une scène de l'amphithéâtre d'Athènes, et partout
ce sentiment qui résulte d'un concours d'hommes animés
par l'enthousiasme et par l'allégresse et rivalisant d'émulation. Les spectateurs étoient aussi nombreux que les
acteurs. Des tavernes ambulantes, des boutiques porta-
tives garnissoient les dehors ; les voitures, dépouillées
de leurs armoiries, couvroient les approches de l'enceinte ; la musique et les cris de joie se méloient aux
lieux-communs contre les aristocrates ; le refrain de
ces chansons étoit : *Ça ira, les aristocrates à la lan-
terne* [1] *! Crèvent les aristocrates!* et autres facéties fra-
ternelles, que les dames éperdues de la démocratie et
les journalistes à l'esprit-de-vin nomment des hymnes
patriotiques [2]. » Ce sont ces scènes du Champ-de-Mars
qui peut-être ont le plus fait pour la popularité de la
fête de la Fédération, et pourtant, comme on vient de le
voir, la Révolution ne s'y montrait pas toujours sous
son aspect le plus aimable [3]. »

Quand le travail fut fini, le Champ-de-Mars avait l'as-

1. Il y a beaucoup de versions du *Ça ira*. Celle que nous reprodui-
sons, *infra*, p. 109, moins sanguinaire que celle citée par Mallet du Pan.
est tirée d'un placard contemporain de la Fédération.

2. *Mercure de France*, 1790, n° 23.

3. Michelet a dit : « Comme agape et communion, rien ne fut ici-bas
comparable à 90, à l'élan des Fédérations. La Révolution commença
par aimer tout. Elle alla jusqu'à aimer ses ennemis. La bienveillance
indistincte fut son premier caractère. » (*Les grandes journées de la
Révolution*, 6e édition. Paris, Hetzel, p. 62.) Ceux qui prennent à la
lettre ces exagérations se font une bien fausse idée de l'histoire. Non.
même en 90, la Révolution ne peut être présentée comme aimant ses
ennemis. Nous en trouvons déjà ici la preuve, et il serait facile de
l'appuyer de très nombreux documents.

pect d'un immense ovale, entouré de gradins formés de
terre rapportée. Sur ces gradins et sur la surface plane
qui les dominait, pouvaient se placer de 250 à 300 mille
personnes. Comme il n'y avait encore pas de pont sur
la Seine en face du Champ-de-Mars, on y avait établi
un pont de bateaux. Vis-à-vis de ce pont, là où se
trouve actuellement la tour Eiffel, le cirque s'ouvrait
par un arc de triomphe composé de trois arches d'égale
grandeur, mais très lourd d'aspect et couvert d'inscriptions en prose et en vers. Du côté opposé, devant l'É-
cole militaire, était un immense amphithéàtre, superbe-
ment décoré, destiné à recevoir le roi, l'Assemblée
nationale, la municipalité et les électeurs de Paris. La
place du roi était au centre, sous un dais, surmonté du
drapeau blanc. En arrière se trouvait une tribune pour
la reine, la famille royale et la cour.

Au milieu du cirque s'élevait un autel de forme circulaire, *l'autel de la patrie*, posé sur un stylobate
carré. On y arrivait par quatre escaliers gigantesques.
Aux quatre coins, étaient des cassolettes énormes, d'où
s'échappaient pendant la cérémonie des fumées d'encens.
L'espace vide qui s'étendait autour de l'autel permet-
tait à 50.000 hommes, — à 20.000 seulement, suivant
quelques contemporains, — d'y évoluer militairement [1].

Le 14 juillet, dès le matin, le canon se fait entendre.

---

1. *Confédération nationale ou récit exact et circonstancié de tout ce
qui s'est passé à Paris le 14 juillet 1790 à la fédération.* Garnery,
I. second de la Liberté, in-8, passim. — *La confédération nationale.
Dé il exact de cette fête et de tout ce qui s'est passé dans la journée
mé. rable du 14 juillet 1790.* In-8, pp. 3 et suiv. — *Description fidelle
de tot ce qui a précédé, accompagné et suivi la cérémonie de la confé-
dérati a nationale du 14 juillet 1790.* 2e édition, in-8, pp. 3 et suiv.,
18 et suiv. — *Voir* le détail des inscriptions qui existaient sur l'arc de
triomphe et autour de l'autel de la patrie, à l'*Appendice, infra*, page 101.

PLAN DE LA FÊTE DE LA FÉDÉRATION, d'après une gravure du temps.

1 Autel de la Patrie. 2 Galerie du Roi et de l'assemblée National 3. Arche de triomp 4. Spectateurs 5. Cir ou sont les gardes Nationale. et les troupes de lignes.

Les fédérés se rendent sur le boulevard, entre la porte Saint-Antoine et la porte Saint-Martin, où la place de chaque députation est indiquée. La municipalité de Paris leur distribue les quatre-vingt-trois drapeaux qu'elle a fait préparer pour en donner un à la garde nationale de chaque département. Ce sont des bannières blanches, ornées d'une cravate tricolore : chaque face porte une inscription, entourée d'une couronne de chêne; on lit d'un côté : *Constitution*, et le nom du département; de l'autre : *Confédération nationale, Paris, XIV juillet MDCCXC.* Le plus âgé de chacune des députations prend la bannière et marche en tête : c'est pour le Doubs, Boucon, de Villars-Saint-Georges; pour le Jura, Alpy; pour la Haute-Saône. Martin, de Luxeuil.

Le cortège se met en marche vers huit heures du matin. Il est précédé par une compagnie de cavalerie de la garde nationale parisienne et par une compagnie de grenadiers. Viennent ensuite les différents représentants ou corps constitués de la ville de Paris, escortés de gardes nationaux, de musiques et de tambours. Ils sont suivis par un bataillon d'enfants et par un bataillon de vieillards. Il avait même été question d'un bataillon de mères de famille portant leurs nourrissons; le mauvais temps, plus encore que le ridicule, dut faire renoncer à cette partie du programme [1]. Après les vé-

---

1. On lit dans la *Description de la fête du pacte fédératif du 14 juillet, fixée par la ville, avec le règlement de police :* « 12. Cent enfans portés par leurs mères dans des barcelonnettes, parés de rubans aux couleurs de la nation, suivront immédiatement l'Assemblée nationale et le roi, au moins depuis les Tuileries. Les mères, rappelées par Jean-Jacques Rousseau à l'ordre de la nature, prononceront, pour leurs nourrissons, le serment des citoyens français; et en leur propre nom, elles jureront *d'élever ces mêmes enfans dans les bonnes mœurs, et dans un attachement inviolable et sans bornes à la nation, à la constitution et au roi.* »

térans, marchent les députés des quarante-deux premiers départements, par ordre alphabétique. Puis viennent les députés des troupes de ligne, précédés de l'oriflamme bleue qui leur a été aussi donnée par la ville de Paris [1]. Les députés des quarante et un derniers départements viennent ensuite; enfin, une compagnie de chasseurs volontaires et une compagnie de cavaliers ferment la marche [2].

Les gardes nationaux parisiens seuls portaient des fusils; les gardes nationaux de province avaient seulement le sabre; les soldats de ligne étaient désarmés. Cette différence de traitement, qui excita l'enthousiasme des gazetiers jacobins, fut au contraire peu du goût de l'armée. On remarqua que les soldats avaient « l'air sombre » au milieu de l'allégresse générale.

Le cortège se rendit au Champ-de-Mars, en passant par la rue Saint-Denis, la rue de la Ferronnerie, la rue Saint-Honoré, la rue Royale, la place Louis XV (aujourd'hui place de la Concorde), le Cours-la-Reine et le quai de Chaillot. Il fut rejoint à la place Louis XV par l'As-

1. Nous lisons dans l'*Histoire de France depuis la Révolution de 1789*, écrite d'après les mémoires et manuscrits contemporains, etc., par le citoyen F.-Emmanuel Toulongeon, t. I, p. 131 : « On vit, à cette journée, reparaître l'ancienne bannière des rois de France, connue dans notre histoire sous le nom d'*oriflamme*; c'est-à-dire que l'on se plut à donner ce nom au drapeau que la municipalité de Paris avoit remis à la députation des troupes de ligne. Après la cérémonie, les grenadiers chargés de sa garde, ne sachant où le déposer, le portèrent dans le lieu des séances, le placèrent à côté du fauteuil du président, et passèrent la nuit à le garder. — La discussion s'ouvrit pour déterminer l'emploi de ce drapeau. Les uns vouloient qu'il fût porté chez le roi, comme chef suprême de l'armée; on cita toutes les autorités historiques sur l'origine et la distinction de l'oriflamme qui, jadis, étoit la bannière des rois de France, non comme souverains de leur territoire, mais comme suzerains des grands vassaux, lorsqu'ils les rassembloient dans les guerres nationales; enfin, on décida que ce drapeau bleu, brodé d'or, portant d'un côté, *Constitution*, de l'autre, *Fédération*, seroit suspendu aux voûtes de la salle ».

2. Voir l'ordre exact du cortège à l'*Appendice*, p. 161.

semblée nationale, qui prit rang entre le bataillon des enfants et celui des vieillards et fut entourée par les drapeaux de la garde nationale de Paris.

Dans le trajet, qui fut long,— d'autant plus long qu'il était entremêlé de fortes averses, — plus d'un fédéré sentit le besoin de se restaurer. Les Parisiens s'empressaient de leur passer du pain et des vivres de toute espèce, qu'ils recevaient au bout de leurs sabres ou dans leurs chapeaux.

Il était midi quand la tête du cortège, ayant traversé le pont de bateaux, entra au Champ-de-Mars. Une double haie était formée autour de l'enceinte par la garde nationale parisienne. Les représentants de Paris, les membres de l'Assemblée allèrent prendre leurs places sur l'amphithéâtre adossé à l'École militaire. Les gradins qui entouraient le Champ-de-Mars étaient déjà remplis de 200 à 300.000 personnes. Plus de 100.000 spectateurs s'étageaient encore sur les hauteurs de Chaillot et de Passy.

Au fur et à mesure que les députations des départements arrivaient au Champ-de-Mars, elles défilaient alternativement à droite et à gauche de l'autel. Les troupes de ligne prenaient la gauche et laissaient la droite à la marine. Arrivés à leur place, tous faisaient face à l'autel [1].

Durant ce long défilé, les fédérés trouvèrent un moyen original de se désennuyer; ils se mirent à danser, formant tantôt une immense ronde autour de l'autel de la

1. *Description de la fête du pacte fédératif du 14 juillet,* etc., pp. 4 et suiv. — *La Confédération nationale. Détail exact de cette fête,* etc. pp. 4 et suiv. — *Description fidelle de tout ce qui a précédé, accompagné et suivi la cérémonie de la Confédération nationale du 14 juillet 1790,* 2ᵉ édition, pp. 21 et suiv.

patrie, tantôt une multitude de groupes où ils exécu-
taient les danses particulières à leurs provinces.

Le roi, la reine et le dauphin arrivèrent par l'intérieur de l'École militaire [1]. Ils furent chaleureusement
acclamés. Mais les plus grandes acclamations furent
pour La Fayette, nommé par le roi major général de la
Fédération et qui eut véritablement les honneurs de la
journée. « Lui et son cheval, écrit notre jeune fédéré
de la Haute-Saône, étaient comme portés en triomphe. »
Le roi avait à sa droite le président de l'Assemblée nationale, M. de Bonnay. Mirabeau avait vivement désiré
d'occuper cette place, mais il n'avait pu obtenir la pré-
sidence.

D'après le programme, la bénédiction des bannières
devait avoir lieu à onze heures, la messe à onze heures
et demie et le serment à midi [2]. Il était plus de trois heures
quand la cérémonie put commencer. L'oriflamme de l'armée et les bannières des départements furent portées devant l'autel, au-dessus du soubassement. Le célébrant
était Talleyrand, évêque d'Autun [3] : il était assisté des
soixante aumôniers de la garde nationale et d'autres
prêtres, qui portaient sur leur surplis une ceinture tricolore [4]. Après la messe, les bannières, ayant été

1. Suivant le programme dressé par la ville, le roi aurait dû faire partie
du cortège. Nous remarquons dans ce programme cette phrase, qui ne
paraît pas exempte d'ironie : « Le cortège sera composé de citoyens
de tous les âges, des membres de la municipalité et de la commune,
de l'Assemblée nationale, et du roi, *qui a promis de faire l'impossible
pour accompagner la marche. (Description de la fête du pacte fédératif,
etc. p. 2).*

2. *Description de la fête du pacte fédératif, etc., p. 4.*

3. « Quel autre mieux que lui, dit Michelet, doit officier, dès qu'il s'agit
de serment ? » Ce sarcasme est cruel non seulement pour Talleyrand,
mais pour la Fédération elle-même, à laquelle pourtant Michelet prodigue
ses dithyrambes.

4. On constata que le clergé, qui était venu bénir l'autel dès le matin,
ne l'avait pas quitté même pendant les pluies les plus fortes, qu'il sup-

LA FÊTE DE LA FÉDÉRATION A PARIS

bénites, retournèrent auprès des députations de leurs
départements respectifs, puis les soixante drapeaux
de la garde nationale, qui avaient escorté l'Assemblée pendant la marche, allèrent se ranger sur deux
files entre l'autel et l'amphithéâtre où était le roi. On
crut un moment que le roi viendrait prêter serment sur
l'autel. Mais il demeura à sa place. La Fayette vint
alors prendre ses ordres, puis il remonta à cheval et fit
donner par un coup de canon le signal du serment.
Il monte alors à l'autel, les trompettes sonnent, et il
prononce la formule suivante : « Nous jurons d'être à
jamais fidèles à la nation, à la loi et au roi ; de maintenir de tout notre pouvoir la constitution décrétée par
l'Assemblée nationale et acceptée par le roi; de protéger, conformément aux lois, la sûreté des personnes et
des propriétés, la libre circulation des grains et subsistances dans l'intérieur du royaume et la perception
des contributions publiques, sous quelque forme qu'elles
existent ; de demeurer unis à tous les Français par les
liens indissolubles de la fraternité! » Une flamme tricolore s'agite au sommet de l'autel pour avertir le peuple de la prestation de serment du général. Tous les
les gardes nationaux et les députés de l'armée, levant
la main, s'écrient : « Je le jure! » Le président et les
membres de l'Assemblée nationale se lèvent ensuite, et
ils jurent ensemble en ces termes : « Je jure d'être fidèle à la nation, à la loi, au roi, et de maintenir de
tout mon pouvoir la constitution décrétée par l'Assemblée nationale et acceptée par le roi. » Le bruit du
canon et les acclamations mettent un intervalle entre

porta avec une constance inébranlable.(*La Confédération nationale. Détail exact de cette fête,* etc. p. 6.)

chaque serment. Enfin le roi, debout, levant les bras
vers l'autel, dit d'une voix ferme : « Moi, roi des Français, je jure à la nation d'employer tout le pouvoir qui
m'est délégué par la loi constitutionnelle de l'État à
maintenir la constitution et à faire exécuter les lois [1]. »
A ce moment, la reine a l'heureuse idée de prendre
le dauphin dans ses bras et de le présenter à la foule,
en disant : « Voilà mon fils ; il se réunit, ainsi que
moi, dans les mêmes sentiments. » Les cris de vive le
roi! vive la reine ! vive le dauphin ! retentissent
pendant plusieurs minutes [2]. Le canon tonne, et ses
décharges, répétées de proche en proche, annoncent le
serment royal à Paris et à la France.

Ce moment fut solennel, sans doute. Peu de spectateurs
durent échapper à l'émotion qu'il souleva. L'auteur, révolutionnaire, d'une des relations de cette fête, dit ici : « J'ai
songé que de ces *millions* d'hommes, il n'en restera pas un
seul peut-être avant un siècle ; mais, me suis-je dit aussi,
peut-être avant un siècle, la terre ne verra qu'une *régé-*

1. Cazalès avait demandé à la tribune qu'on laissât à la volonté du
roi le serment qu'il devait prêter. « Un serment qu'on ferait prêter
au roi, disait-il, dans une autre circonstance que son couronnement,
imprimerait le caractère de la faction à toute assemblée qui oserait
l'exiger. Que le roi soit libre de prendre, avec sa nation, tel engagement
qu'il lui plaira. Je ne sais quelle prédilection l'Assemblée a pour les
serments. Les serments ont de tous les temps servi à rallier les partis ;
c'est par des serments qu'on a vu des factieux se soustraire à une
autorité légitime. » Chapelier répondit : « On a dit que ce n'était pas à
nous à présenter la formule du serment qui sera prêté par le roi. Pour
moi, je ne doute pas que ce soit à nous à le proposer, et au roi à l'ac-
cepter. Dans ce cas, le serment est un acte législatif. Ceux qui se plai-
gnent ne considèrent pas que la Confédération n'a été formée que pour
achever la Constitution ; que, par conséquent, lorsque le citoyen jure de
maintenir la Constitution décrétée par l'Assemblée nationale et sanc-
tionnée par le roi, le roi doit jurer de la soutenir de tout le pouvoir qui
lui est délégué par la loi. » (*Moniteur* du 11 juillet 1790 ; séance de
l'Assemblée nationale du vendredi 9 juillet.)

2. Mémoires de Ferrières, cités par Thiers, *Histoire de la Révolution
française*, 13ᵉ édition, t. I, p. 364.

nération d'hommes libres [1]. » Depuis un siècle, assu-
rément, le monde a marché, et beaucoup des idées qu'on
acclamait alors ont triomphé. Mais de tous ces hommes
enthousiasmés, combien, à commencer par le roi, durent payer de leur sang cette « régénération » !

La cérémonie se termina par un *Te Deum*, chanté au
son de tous les instruments et dont la musique avait
été composée spécialement pour la circonstance. Ensuite,
les fédérés se retirèrent dans le même ordre où ils
étaient arrivés [2]. Ceux qui n'étaient pas trop harassés
par la fatigue et par la pluie, et qui tinrent à faire la
fête complète, — ce fut, dit-on, le petit nombre, — se
rendirent à la Muette, où la ville avait fait dresser des
tables pour 20.000 convives. On y mangea l'aloyau patriotique ; on y but largement à la santé du roi, de la
reine, de l'Assemblée nationale, de La Fayette et de tous
les confédérés. Et pourtant, s'il faut en croire le narra-
teur, « à la fin de ce banquet civique, on ne s'est pas
aperçu qu'il régnât d'autre ivresse que celle de l'hilarité,
de l'amour fraternel et du plus pur patriotisme ». Au
dessert, « une foule innombrable d'amantes de la liberté,
comme on nous représente les nymphes des campagnes, ornées de rubans et de fleurs, sont venues doubler
la joie des convives [3]. »

1. *Description fidelle de tout ce qui a précédé, accompagné et suivi la cérémonie de la Confédération nationale, etc.*, p. 23.
2. Il est presque superflu de faire remarquer que, dans un aussi vaste espace que le Champ-de-Mars, beaucoup de détails de la cérémonie échappèrent à la plupart des spectateurs. Pour se rendre compte
des impressions éprouvées par chaque assistant individuellement, il
faut lire le récit très pittoresque qu'a fait de ce qu'il avait vu réellement
un témoin non suspect, le comte d'Escherny, dans un livre publié en
1791 et dont l'auteur se montre très partisan de la Révolution. (*Correspondance d'un habitant de Paris avec ses amis de Suisse et d'Angleterre,
sur les événements de 1789, 1790 et jusqu'au 4 avril 1791*, pp. 317 et
suiv.) Ce récit est reproduit *infrà*, p. 106.
3. L'un de ces convives les en remerciait dans des vers intitulés

L'article 9 du règlement de police promulgué par
Bailly le 8 juillet disait : « Tous les habitants de la
ville et faubourgs seront tenus, le 14 juillet, de fermer
leurs boutiques et d'illuminer le soir les fenêtres de
leurs maisons [1]. » Dans cette fête de la liberté, l'illumination au moins, comme on le voit, était obligatoire.
Mais elle fut contrariée par le mauvais temps.

*Adieux et regrets des frères députés à la Fédération du 14 juillet 1790
à leurs frères d'armes de Paris* (par le major de la garde nationale de
Bellême) :

> Eh ! comment oublier ces précieuses larmes
> Que la beauté sensible a versées sur nos armes?
> Quand le ciel, s'entr'ouvrant par un déluge affreux,
> Paroissoit éloigner nos projets généreux,
> Nous vimes la beauté, douce, compatissante,
> Nous verser le nectar d'une main engageante
> Et nous enivrant tous, moins de vin que d'amour,
> De ce jour orageux faire le plus beau jour.

1. *Description de la fête du pacte fédératif du 14 juillet, fixée par
la ville, avec le règlement de police. Grande illumination*, p. 8.

LA FÊTE DE LA FÉDÉRATION A BESANÇON

V

LA FÊTE DE LA FÉDÉRATION EN FRANCHE-COMTÉ

SOMMAIRE. — Célébration de la fête à Besançon. — à Lons-le-Saunier, — à Dôle, — à Gray, Arbois, Salins, Pontarlier, — au village de Rochejean.

La fête de la Fédération fut célébrée le même jour dans toutes les villes et même dans tous les villages de France. Les historiens, suivant leur coutume, ne l'ont guère regardée qu'à Paris ; mais il est utile et intéressant de la considérer aussi sous son aspect provincial : c'est tout au moins la face sous laquelle l'ont vue la plupart des Français.

« Il était bien convenu en France, a dit quelque part Charles Nodier, en parlant de l'époque de la Révolution, que tous les trésors de la poésie sont renfermés sans exception dans le *Pantheum mythicum* de Pomey et dans le *Dictionnaire de la fable* de M. Noël [1]. » Ce goût que l'on avait alors pour tous les souvenirs de l'antiquité païenne a été appelé par M. Taine « l'esprit classique ». Il régnait dans les fêtes publiques comme dans la littérature. Nous avons pu déjà nous en aper-

1. Nodier, *Contes de la veillée. Légende de sœur Béatrix.* Paris, Charpentier, 1860, p. 73.

cevoir, et nous allons encore mieux le remarquer dans
les détails qui suivent.

A Besançon, la municipalité avait, dès le 10 juillet,
invité les citoyens, par une proclamation, « à jurer, à la
face de l'univers, leur attachement à la Constitution et
la fidélité la plus inviolable à la Nation, à la Loi et
au meilleur comme au plus aimé des rois. » Le 12 juillet, elle approuvait le plan de décoration du Champ-de-
Mars, dressé par le sieur Bertrand, contrôleur adjoint.
Le Champ-de-Mars alors n'était pas du tout, comme on
l'a cru [1], la promenade *Chamars* ; il se trouvait en
dehors de la ville, du côté du village de Saint-Ferjeux.
On y avait élevé un vaste soubassement carré, de dix
pieds de haut, auquel on arrivait par dix-huit degrés,
et qui supportait un temple circulaire, composé de six
colonnes corinthiennes, avec leur entablement. Au
centre du temple était un autel, en forme de tombeau
antique, sur lequel était posé un christ, entouré de
candélabres dorés. En face, à cent cinquante pas
de distance, existait un tertre (celui que nous avons déjà
vu décrit dans le procès-verbal de la Fédération du 16
juin), couvert de gazon, entouré d'arbustes ; au sommet
se trouvait un stylobate de marbre blanc, qui servait de
piédestal à la statue de Louis XVI. La garde nationale
et les troupes de la garnison se rangèrent en bataillon
carré autour de ces deux monuments. A onze heures
le conseil général de la commune, précédé d'une troupe
de jeunes filles vêtues de blanc et parées de rubans tricolores, vint prendre place au bas des degrés du temple.

1. J. Sauzay, *Histoire de la persécution révolutionnaire dans le département du Doubs*, t. I, p. 202.

La troupe de jeunes filles se déploya sur les marches du soubassement.

« Rangées sur cet amphithéâtre, poursuit le procès-verbal[1], elles offroient aux spectateurs attendris l'emblème de l'innocence, du bonheur et de l'espérance. L'intérieur de la colonnade étoit destiné aux personnes vouées par état au culte divin. Les lévites, confondus avec les soldats citoyens, qui avoient brigué l'honneur de garder l'autel, formoient le contraste le plus agréable. L'on se proposoit de célébrer à cet autel l'auguste sacrifice de la messe, mais un orage impétueux, survenu tout à coup, en a empêché la solennité. L'orage fini, le célébrant, en habits sacerdotaux (c'était dom Grappin), a entonné le *Te Deum*, qui a été chanté par les musiciens de l'église métropolitaine, avec symphonie et accompagnement des instruments militaires. Aux salves de toute l'artillerie du polygone, répondoient celles du canon des remparts de la ville, de la citadelle et du fort Griffon, et le son des cloches de toutes les églises. » Après le *Te Deum*, le maire, M. Ordinaire, s'est avancé sur les degrés du temple et a prononcé un discours, rempli de témoignages de respect et de gratitude envers le roi. A la fin de ce discours, il a prêté le serment de la Fédération. Le marquis de Toulongeon, commandant des troupes, s'est avancé à son tour devant l'autel, et, après un discours, à la fois royaliste et patriotique, il a aussi prêté serment. Au moment des serments du maire et du commandant des troupes, tous les soldats et tous les citoyens qui étaient

1. Registre du conseil général de la commune de Besançon, 14 juillet 1790, folios 44 et suiv. — *Extrait des délibérations du conseil général de la commune de Besançon. Procès-verbal de la confédération faite à Besançon, au Champ-de-Mars, le 14 juillet 1790*, in-8.

présents ont levé la main et crié : « Nous le jurons! »
Le commandant a passé la revue des troupes et des
gardes nationales, qui ont ensuite défilé devant le conseil général de la commune. « La cérémonie, en général, dit le procès-verbal, s'est faite avec pompe et majesté, et aux acclamations mille fois réitérées de *Vive
la Nation, vive la Loi, vive notre bon Roi!...* »

« L'on a donné, dans l'après-midi, en la maison commune, une superbe collation aux jeunes vierges, qui de
là, accompagnées d'une grande partie des membres du
conseil général, se sont rendues en l'hôtel de M. de
Toulongeon... » Après leur visite au commandant en
chef et à la marquise de Toulongeon, « elles ont été
ramenées à la maison commune, où on leur a donné
un bal qui a duré jusqu'à neuf heures. »

Ainsi, à part l'intervention des « jeunes vierges »,
la cérémonie eut à Besançon un caractère tout militaire.
Elle fut, ce semble, un peu moins sévère et plus populaire à Lons-le-Saunier.

L'autel de la patrie était dressé sur la place *Cléricée.*
Des deux côtés régnait une galerie en amphithéâtre,
où prirent place les officiers municipaux, les notables,
le corps administratif du département, les membres du
district, les membres du siège présidial, l'état-major,
les prêtres familiers, les ecclésiastiques et les religieux.
Tout autour étaient rangés la garde nationale, la maréchaussée et un détachement de cavalerie de Royal-
étranger. Une salve d'artillerie donna le signal de la
cérémonie, qui commença par une messe, célébrée sur
l'autel de la patrie. Le célébrant, dom Molard, religieux bénédictin, prononça un discours, dans lequel il
montra la conformité des principes de liberté, d'égalité

et de fraternité avec les maximes évangéliques; il termina par cette prière, « inspirée, dit-il, par l'enthousiasme du patriotisme » :

Domine, salvam fac gentem !
Domine, salvam fac legem !
Domine, salvum fac regem !

A ce discours succéda celui de M. Saillard, procureur
de la commune, qui profita de l'occasion pour célébrer
encore les Lameth et la suppression des emblèmes de
la statue de Louis XIV : «... Les fiers habitants du Jura,
dit-il, passeront aujourd'hui sans rougir sur la place des
Victoires : le triomphe de la liberté, le temple des
beaux-arts (?), vient de sortir des décombres où naguère existait le trône du despote, et Louis XIV, étonné
de ne plus voir à ses pieds des esclaves, s'irrite
contre Lameth et ses nouveaux courtisans! Que dis-je?
Louis XIV est effacé pour jamais du temple de mémoire
où les flatteurs l'avaient placé, et le nom de nos libé-
rateurs y sera consacré par l'amour de tous les Français. »

On vit ensuite monter à l'autel de la patrie « une
gracieuse jeune fille de onze ans, suivie d'une foule de
jeunes personnes de son sexe, habillées de blanc comme
des vestales et décorées d'une ceinture de rubans tricolores ». La jeune citoyenne débite un discours où elle
demande, pour elle et ses compagnes, la faveur « d'u-
nir leurs serments » à ceux de leurs pères et de leurs
frères. Puis vient un jeune citoyen de dix-sept ans,
entouré d'un groupe d'adolescents, qui sollicite à son
tour la même faveur. Le procureur général syndic du
département se lève et requiert que les députés des

adolescents des deux sexes, soient suivant leur demande admis au serment civique. Cette motion est votée d'acclamation.

Le maire de Lons-le-Saunier commence un discours dans lequel il félicite ses concitoyens d'avoir, il y a un an, « pris les armes pour la patrie, » d'avoir été les premiers Comtois qui donnèrent « l'exemple de ce courage, qui a trouvé tant de braves imitateurs ». Ce discours finit juste à midi. A ce moment, le maire prononce le serment fédératif. Tous les citoyens, levant les mains au ciel, prononcent les mots : « Je le jure ! » Le maire, dans l'enthousiasme, invite l'assemblée à crier : « Vive la loi ! vive le roi ! » Une exclamation générale se fait entendre. Et, au son des cloches, au bruit des canons, l'assemblée tout entière entonne le *Te Deum*.

Le soir, un banquet de 1200 couverts est servi dans les allées de la promenade de *la Chevalerie*. Les places sont tirées au sort. Prêtres, bourgeois, officiers, capucins, cordeliers, militaires, nobles et laboureurs, tout s'y mêle sans distinction. Une ondée, qui survient pendant le festin, en augmente encore l'allégresse. A l'issue du banquet, un détachement de la garde nationale, patriotiquement bigarré de capucins, giberne au dos et fusil sur l'épaule, reconduit les officiers municipaux à la commune, où un bal est ouvert à tous les citoyens.

Ici le rédacteur du procès-verbal se transforme en poète. « Dois-je en croire mes yeux? s'écrie-t-il. Le patriotisme peut-il encore opérer ce miracle? Je vois dans le même rondeau la jeune Hébé, le vieux Silène! Flore en cadence avec Vulcain! Mars et Philis dansent

ensemble. Des capuchons en mouvement avec de blon-
des chevelures ! Une large sandale tombe en mesure
avec un pied mignon ! Et le cordon de saint François
est enlacé dans la ceinture de Vénus aux trois
couleurs nationales !... Mais c'est à l'humanité, à la
réunion des cœurs que la religion sourit, et la gaité
fait seule ici tous les frais de la fête [1]. »

Après Lons-le-Saunier, Dôle mérite aussi d'être
signalé pour la pompe religieuse et civique avec laquelle y fut célébrée la Fédération nationale. Une immense plate-forme avait été élevée dans la prairie que
domine la promenade appelée le *Cours Saint-Maurice*.
Au centre de cette plate-forme, une seconde servait de
base à l'autel de la patrie, derrière lequel se rangèrent
en cercle les musiciens. Un portique avec arcades se
dressait en avant de ces constructions, puis un obélisque de cent cinquante pieds, portant le pavillon tricolore avec une couronne civique et un médaillon où on
lisait : *Confédération nationale*. Les troupes, maréchaussée, cavalerie et garde nationale, formèrent un
bataillon carré. Derrière chaque corps, des tentes
étaient dressées, toutes surmontées du drapeau de la
nation. Un régiment d'« enfants de la patrie », avec
tambour et drapeau ; les dames, les jeunes filles, vêtues
de blanc, avec écharpes, ceintures et rubans aux trois
couleurs ; les enfants de toutes les écoles, les laboureurs, vignerons, jardiniers, tous avaient leurs places
désignées d'avance. Tous les ordres religieux, minimes,
capucins, carmes, cordeliers, bénédictins, couvents de
femmes, avaient été convoqués.

---

1. *Annuaire du département du Jura pour l'année 1847*, par Désiré
Monnier, p. 264 et suiv.

Une jeune fille, au commencement de la cérémonie, escortée de deux de ses compagnes, vint avec un verre d'optique « extraire du soleil le feu sacré » et allumer dans un vase grec, placé sur l'autel, un feu qui donna subitement une flamme tricolore. Au même instant, un chœur de musique se mit à chanter des couplets composés pour la circonstance :

> Pour des délices bien chères
> Les Français sont réunis ;
> C'est pour jurer d'être frères
> Et toujours de vrais amis.
>   Cette alliance
> Est le signe du bonheur :
> Puisse-t-elle en notre cœur
> Perpétuer son existence ! .... etc., etc.

Deux mariages, « symbole heureux de l'union qui allait régner entre tous les citoyens, » furent célébrés à l'autel de la patrie. Ensuite, on dit une messe basse, et après des salves d'artillerie, la formule du serment fut lue par le maire, et chacun des assistants, levant la main, répéta : « Je le jure ! » Le serment devait être prononcé au même moment par la compagnie qui était de garde dans la ville, par toutes les personnes cloîtrées, par celles retenues pour cause de maladie ou pour autre raison ; à cet effet, il leur avait été remis à chacune un exemplaire de la formule. Il y eut enfin chant du *Te Deum*, puis « fanfare, roulement et salve de tous les canons, pour la Nation, au moment où le maire cria : « Vive la Nation ! » et autant pour les cris de « Vive l'Assemblée nationale ! Vive le Roi ! Vive les Parisiens ! Vive Royal-étranger ! Vive les Dôlois ! » Ces bons Dôlois, comme on le voit, n'oublièrent personne, pas même eux dans leurs vivats.

Des jeux, des danses autour de l'autel de la patrie et une illumination générale complétèrent cette fête. La retraite ne fut sonnée qu'à minuit « pour qu'aucun citoyen ne pût se reprocher d'avoir perdu une seule minute d'un aussi beau jour [1] ».

A Gray, la première partie de la cérémonie se fit à l'église paroissiale. Là furent prononcés, et vivement applaudis et acclamés, le discours d'un prêtre, professeur au collège, et celui du maire, M. Crestin, qui rappela et célébra la prise de la Bastille. On se rendit ensuite processionnellement dans la prairie basse, devant une estrade, entourée de tentures, sur laquelle s'élevait un obélisque dédié à la patrie et à la liberté. On voyait au-dessus l'écusson des armes de France, avec ces mots mêlés aux fleurs de lys : *La loi et le roi.* On lisait sur les quatre faces de l'obélisque :

O liberté, tu n'avais plus d'autel ;
Mais reviens partager celui de la patrie.
De te défendre au péril de la vie
Nous faisons le serment aux pieds de l'Éternel !

C'est là qu'eut lieu la prestation de serment, qui fut suivie du chant du *Te Deum.* « Les citoyens ont chômé le reste du jour, à l'instar d'une fête religieuse, quoique la police n'eût imposé sur ce point aucune obligation. Les boutiques ont été fermées, et la satisfaction générale a paru à son

1. Registre des actes importants de la commune de Dôle, folio 122 et suiv. — *Fête patriotique qui aura lieu à Dôle, département du Jura, le 14 juillet 1790, jour de la Fédération générale de l'empire,* in-4.

comble. La jeunesse de l'un et de l'autre sexe s'est réunie dans l'après-dîner au même lieu de l'assemblée du matin, et a formé des danses autour de l'autel de la patrie, qui ont duré jusqu'à la nuit. MM. les officiers municipaux ont animé cette joie publique autant qu'il leur a été possible : pendant qu'elle se passait, ils ont fait distribuer six cent soixante-seize pains et cent cinquante livres d'argent à tous les pauvres de la ville, et même aux pauvres étrangers, rassemblés à cet effet dans le cloître des cordeliers... Enfin, l'heure de souper survenue, la plus grande partie des habitants s'est réunie ; ils ont confondu leurs tables et se sont livrés à toute l'effusion de l'amitié et de la fraternité, en prolongeant bien avant dans la nuit leurs repas communs [1]. »

A Arbois, nous trouvons, non plus l'autel de la patrie, mais « l'autel de la liberté ». On l'a dressé sur la promenade publique appelée la *Grande-Foule*. Cependant la messe fut dite, comme à Gray, dans l'église paroissiale, d'où l'on sortit à onze heures trois quarts pour aller prêter le serment devant l'autel. On est ensuite retourné à l'église pour chanter le *Te Deum* « en actions de grâces de l'heureuse alliance qui vient d'unir pour jamais tous les Français [2] ».

A Salins, l'autel, qui s'élève sur la promenade dite la *Barbarine*, a deux faces, et deux messes y sont célébrées en même temps, au milieu d'un bataillon carré, formé par la garde nationale, par les sous-officiers et invalides composant la garnison, et en présence de toute la

---

1. Relation officielle, citée dans l'*Histoire de la ville de Gray et de ses monuments*, par M. l'abbé Gatin et M. l'abbé Besson, Besançon, 1851, pp. 284 et suiv.
2. Registre des délibérations de la ville d'Arbois, 14 juillet 1790.

commune, convoquée par une proclamation. Après le serment, prêté à midi précis, les officiers municipaux reviennent à l'hôtel de ville pour dresser le procès-verbal [1].

À Pontarlier, il y eut aussi deux messes, mais dites successivement et à l'église : l'une à neuf heures et demie pour les autorités civiles, et l'autre à onze heures pour les militaires. Celle-ci devait se célébrer « à l'autel de la liberté », élevé sur la grande rue, devant la place Saint-Bénigne ; mais la forte pluie qui tombait dans le moment ne le permit pas. On se rendit seulement à l'autel pour prêter le serment. Le trait le plus caractéristique de la cérémonie fut un discours d'énergumène, prononcé d'une voix de stentor par le procureur de la commune, nommé Battandier, qui s'abritait sous un parapluie. Son discours contenait ce passage : «... Après les pluies torrentielles que nous avons essuyées, jamais la lumière n'a paru plus brillante ;... » Arrivé à cette phrase, qu'il comptait supprimer, l'orateur s'aperçut que le soleil venait de paraître ; il rejeta brusquement son parapluie et poursuivit : «... jamais ses rayons ne furent plus radieux ; c'est un signe non équivoque de la protection du ciel, etc... » Le procès-verbal, qui relate cet incident, ajoute en note : « On a quelquefois fait des miracles à meilleur marché [2]. »

Ayant vu la fête de la Fédération à Paris et dans les principales villes de Franche-Comté, ne dédaignons pas de la voir aussi dans un petit village. À Rochejean, dans le bailliage de Pontarlier, la garde nationale avait été

1. Documents manuscrits trouvés à la bibliothèque de Salins.
2. *Pontarlier sous la Révolution*, article de M. Jules Mathez, dans la revue *la Révolution française*, t. IX, juillet-décembre 1895, p. 317.

organisée dès 1789 ; on y avait aussi constitué un comité municipal. En janvier 1790, le curé, M. Boillon,
excellent homme, qui, deux ans plus tard, devait être
contraint à l'exil, avait été élu maire par un vote unanime. Le jour de la fête de la Fédération, la garde
nationale, sous les armes, assistait, tambour en tête et
drapeau au centre, à une messe solennelle. M. Boillon,
curé et maire, dans une exhortation paternelle, expo-
sait à ses auditeurs combien la paix, l'union, la concorde, la fraternité, le désintéressement sont nécessaires.
Il les pressait de montrer cette fraternité dans leurs
familles et dans leur communauté, pour qu'on crût,
disait-il, à la protestation qu'ils faisaient en ce moment
de regarder tous les Français comme des frères. Parlant spécialement à la garde nationale, il disait :
« Messieurs, vous paraissez ici sous les armes, pour
nous dire que vous êtes prêts à réprimer tous les troubles qui pourraient s'élever parmi nous et à repousser
les ennemis du dehors qui pourraient nous attaquer.
De telles dispositions de votre part méritent de la
nôtre le plus grand attachement et la plus vraie reconnaissance. Souvenez-vous, toutefois, que pour réprimer
le trouble, il ne faut prendre aucun moyen qui puisse
l'augmenter ; que pour mettre la paix, il faut être paci-
fique, c'est-à-dire honnête, patient, modéré, insinuant
et persévérant. Souvenez-vous, s'il vous fallait repousser la force par la force, de n'avoir pour motif aucune
haine personnelle, mais seulement l'obéissance et le
zèle pour la patrie. Souvenez-vous de mettre, dans l'ac-
complissement de ce devoir politique, toute la modération possible, et de ne regarder comme ennemis de
votre patrie que ceux qui sont armés contre elle.

Rappelez-vous que la prudence, le courage, et le succès dans les armes viennent du Dieu des armées, qui sait vaincre avec un petit nombre, qui donne la victoire à celui qui se rend digne de l'obtenir et qui élève les humbles pendant qu'il renverse les orgueilleux. Vos ennemis fussent-ils des Goliaths, vous pouvez tous être des Davids, si vous marchez contre eux au nom du Seigneur des armées. » Après la messe, on chante l'*Exaudiat*. La garde nationale assiste aussi à vêpres. On y chante solennellement le *Te Deum*. Le soir, M. Boillon donne au presbytère un banquet patriotique, auquel il invite tous les chefs de famille avec leurs fils adolescents. Au sortir de la cure, on fait un grand feu de joie, dit *charanne*, sur la côte des Jardins, qui domine Rochejean[1].

La simplicité de cette fête religieuse et champêtre ne vaut-elle pas les cérémonies pompeuses et les discours emphatiques auxquels nous avons assisté dans les villes ? N'est-ce pas ici, dans ce petit village perdu au sommet des monts du Jura, que nous trouvons les plus vraies paroles de paix et la plus sincère confédération des âmes ?

1. *Souvenirs historiques, suivis d'annales, sur le village et la seigneurie de Rochejean, ancien bourg-à-château, au pied du Mont-d'Or (Doubs),* par C.-P.-A. Loye, p. 213.

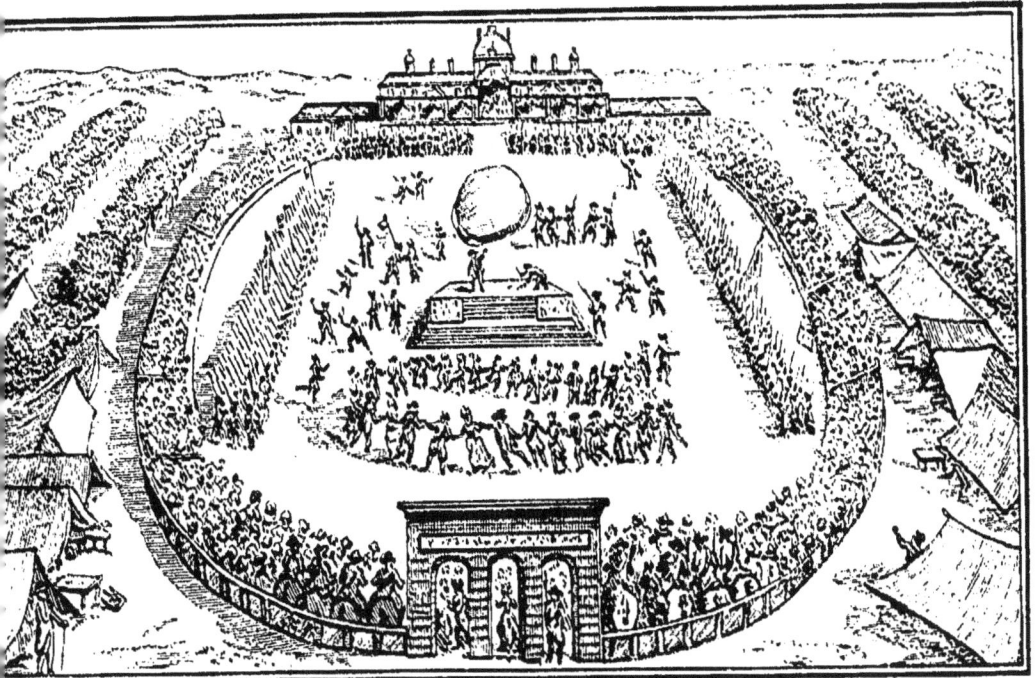

Vue de la fête champêtre donnée au champ de Mars 1790
Le 18 juillet et de la chûte du Balon qui devoit être enlevé.

VI

LE SÉJOUR DES DÉPUTÉS FRANC-COMTOIS A PARIS. — LEUR RETOUR EN FRANCHE-COMTÉ

SOMMAIRE. — Les fédérés aux Tuileries et à l'Assemblée nationale.— Fêtes qui leur sont données par la ville de Paris. — Revue du 19 juillet. — Départ de la députation du Jura. — Diplôme et médaille remis aux fédérés. — Fêtes données à Besançon à l'occasion du retour des députés à la Fédération. — Fête à Lons-le-Saunier. — Conclusion.

Revenons à nos braves députés comtois, que nous avons laissés à Paris, exposés peut-être aux agaceries des « amantes de la liberté ». Pendant quelques jours, la grande ville révolutionnaire se transforma pour eux en Capoue, où ils allaient de fête en fête et de plaisirs en plaisirs.

Le lendemain du 14, s'il faut en croire un écrivain du temps [1], « à peine s'apercevoit-on qu'on étoit au lendemain. C'étoit la même affluence au cirque, à l'autel de la patrie, à l'arc de triomphe. Le même homme qui la veille avoit parcouru toute l'étendue du Champ-de-Mars, le parcouroit encore, il lisoit encore ces inscriptions immortelles qu'il savoit déjà... » Cependant les serments et les vivats et les enthousiasmes de la veille

---

1. N° 2. *Confédération nationale ou description de ce qui a précédé, accompagné et suivi cette auguste cérémonie*, in-8.

commençaient bien déjà un peu à s'oublier. « Le jeudi,
écrit le jeune fédéré de la Haute-Saône, il y eut presque
dans toute la ville un mécontentement général de ce
que le roi n'avait pas prêté serment... » Il veut dire:
de ce que le roi n'avait pas prêté serment à l'autel. On
voit que les Parisiens n'étaient pas restés longtemps
avant de reprendre leurs incorrigibles habitudes d'opposition.

« Cette journée (du jeudi), continue notre jeune
Franc-Comtois, a été consacrée à des bals et repas. Vendredi et samedi, je ne suis pas sorti de chez le roi et la
reine. » Pendant tout le temps, en effet, que les fédérés
restèrent à Paris, le service de garde aux Tuileries leur
fut confié. Ceux d'entre eux qui firent ce service reçurent
un certificat ainsi libellé:

« Nous soussignés, officiers de la seconde division de
la garde nationale parisienne, certifions que M...... a
fait le service près les personnes de Leurs Majestés du
quinze au seize du présent mois. A Paris, ledit jour
seize juillet mil sept cent quatre-vingt-dix. » Suivent
les signatures et le visa du major général de la Fédération ou de son second, M. Gouvion.

Mᵐᵉ de Tourzel, dans ses Mémoires [1], rapporte les
nombreux témoignages de sympathie et d'attachement
que les fédérés de province donnèrent pendant ces jours-
là au roi et à sa famille, et particulièrement au jeune
dauphin. Celui-ci « allait tous les jours à cinq heures à
son jardin; les fédérés demandèrent avec instance qu'il
leur fût permis d'y entrer. On le leur accorda sous la

1. Ce passage des Mémoires de Mᵐᵉ de Tourzel est reproduit dans
Louis XVII, sa vie, son agonie, sa mort, par M. A. de Beauchesne, édit.
in-8°, t. I, pp. 77 et suiv.

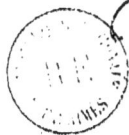

Nous Soussignés Officiers de la Seconde Division de la Garde Nationale Parisienne Certiffions que M. Louis antoine Pareuse, refalier, Departem du Saux à fait le Service près les personnes de leurs Majestés du quinze au Seize du présent mois — à Paris le dit jour Seize Juillet mil Sept cent quatre vingt dix

d'Arblay
major de la division.

Le Pierre d'arbl
comm. du grue Nom

Collas
aide major rapport

Jolly, Commandant du V.º Bataillon

Du Gouvion
Major général

FAC-SIMILE D'UN CERTIFICAT CONSTATANT QU'UN FÉDÉRÉ A FAIT LE SERVICE DE GARDE AUX TUILERIES

condition qu'ils ne le visiteraient qu'un certain nombre
à la fois, afin de ne le pas gêner dans un si petit espace,
et qu'ils se renouvelleraient successivement tant que
durerait sa promenade. Il leur parlait souvent, et toujours avec une naïveté si aimable qu'ils se retiraient
tous enchantés. » — « On ne se fait pas d'idée, ajoute
Mᵐᵉ de Tourzel, des sentiments qu'ils témoignaient pour
la personne du roi et des vœux qu'ils formaient pour la
conservation de cet aimable enfant. »

Les fédérés eurent aussi toute facilité pour voir l'Assemblée nationale. Celle-ci avait décidé que, du 10 au
20 juillet, toutes ses tribunes seraient réservées « aux
députés extraordinaires de la France armée »; c'étaient
les termes du décret. La plupart des fédérés de province
profitèrent de cet avantage, qui toutefois ne contribua
pas beaucoup à augmenter à leurs yeux le prestige des
représentants de la nation. Notre jeune homme de la
Haute-Saône en profita comme les autres, puisqu'il
écrit : « Le dimanche, une partie du jour à l'Assemblée
nationale, et l'autre consacrée à une fête que MM. les
Parisiens nous donnaient. Il y a eu grande joute sur
l'eau, grands bals dans tous les quartiers de la ville,
illumination partout. »

Ce dimanche 18 juillet fut un jour de liesse complète.
Cela commença par une revue passée au Champ-de-
Mars par La Fayette et Bailly et agrémentée d'une fête
champêtre, c'est-à-dire de rondes et de danses. On avait
annoncé que pendant la revue, un ballon paré des trois
couleurs « élèverait dans les airs le drapeau de la liberté ». Ce ballon parut, en effet, mais pour retomber aussitôt. On applaudit à sa chute, comme on aurait applaudi
à son ascension. « Loin qu'on en tirât un mauvais présage,

dit un chroniqueur, il semble qu'on eût été fâché de le voir réussir, car on eût perdu force bons mots, que l'occasion inspire toujours à la gaité française. En effet, un gros ballon, qui retombe en voulant s'élever, ressemblait assez à quelque chose qu'il n'était pas difficile de deviner [1]. » C'était probablement « l'aristocratie » ou même peut-être le roi [2].

Les joutes sur l'eau, qui eurent lieu le soir, entre le Pont-Neuf et le Pont-Royal, donnèrent cours encore à beaucoup de bons mots du même genre. Chaque fois qu'un des « athlètes » était jeté à l'eau, les spectateurs criaient : « Bravo, bravo, c'est un aristocrate [3]! » Cette plaisanterie, dit-on, survécut à la circonstance. Les fédérés la rapportèrent dans leurs provinces comme le dernier mot de l'esprit parisien.

Mais la fête la plus brillante eut pour théâtre l'emplacement de la Bastille. On y avait planté quatre-vingt trois arbres, garnis de leur feuillage, et qui figuraient les huit tours de l'ancienne forteresse. Chacun de ces arbres portait, gravé sur son écorce, le nom d'un département; des cordons de lumière couraient d'un arbre à l'autre. Au milieu s'élevait un mât de soixante pieds portant un drapeau sur lequel on lisait : *Liberté;* au pied du mât, un pavillon, artistement décoré, où se tenaient des musiciens [3]. Sur l'un des bosquets, se voyait l'inscription célèbre : *Ici l'on danse.*

Le lundi 19, dans la matinée, le roi voulut passer en

1. N° 2. *Confédération nationale ou description de ce qui a précédé, accompagné et suivi cette auguste cérémonie*, p. 7.

2. Malheureusement la chute de ce ballon coûta la vie à plusieurs personnes. V. *Confédération nationale ou récit exact et circonstancié de tout ce qui s'est passé à Paris le 14 juillet 1790 à la Fédération*, in-8, pp. 229 et suiv.

3. N° 2. *Confédération nationale*, etc., p. 10 et suiv.

revue encore une fois, avant leur départ, les fédérés et les députations de l'armée. Cette revue se fit à la barrière de l'Étoile. Le roi passa à cheval devant le front de la ligne et s'arrêta pour adresser la parole à chaque chef de troupes. Il reçut beaucoup de témoignages de fidélité et de dévouement. Il dit que ces jours de la Fédération avaient été les plus heureux qu'il eût vus depuis longtemps [1]. La reine le suivait, en calèche découverte, avec le dauphin, Madame Royale et Mme Elisabeth : elle parlait à ceux qui l'approchaient, leur donnait sa main à baiser avec une grâce et une affabilité qui lui gagnait tous les cœurs.

Le soir de ce même jour, chacun des soixante districts donna un festin civique, où chaque citoyen devait amener spécialement ses hôtes, c'est-à-dire les fédérés qu'il logeait. Après le festin s'ouvrait le bal. « Une musique bien soutenue, des danses bien exécutées par de jeunes patriotes des deux sexes, des groupes de vieillards causant tranquillement entre eux, des enfants folâtrant autour de leurs mères; voilà le spectacle que présentaient, dans Paris, plus de quatre-vingts salons qui n'étaient pas encore fermés le mardi au point du jour [2]. »

Ce jour-là, mardi, nouvelle fête sur les ruines de la Bastille. L'empressement des Parisiens à fêter leurs hôtes semblait inépuisable. Le moment vint pourtant où il fallut s'arracher à toutes ces délices. La députation du Jura tint à se distinguer au moment du départ, comme elle l'avait fait à l'arrivée. Elle fut la seule, à ce

1. Toulongeon, *Histoire de France, depuis la révolution de 1789*, t. I, p. 186.
2. N° 2. *Confédération nationale*, etc., p. 16.

qu'on assure, qui donna un témoignage de reconnaissance à l'Assemblée nationale. Ces braves Jurassiens,
qui, comme on l'a vu, n'étaient pas venus sans musique,
allèrent donner une sérénade d'adieu à l'Assemblée ;
ils lui présentèrent les armes et la saluèrent de leurs
acclamations. Ils en offrirent autant à Louis XVI et
laissèrent ainsi à tous une haute idée de leur urbanité
et de leur patriotisme [1].

Il fut délivré à tous les députés des départements,
avant leur départ, un diplôme constatant leur présence
à la Fédération et pouvant leur servir, au besoin, de
certificat de civisme. Ils reçurent en outre une médaille,
ornée d'un ruban tricolore, et qui avait été frappée
spécialement à leur intention : un côté représentait la
France debout près de l'autel de la patrie, ayant la
main droite sur le livre de la constitution et tenant de
la main gauche un faisceau d'armes ; au bas de l'autel
était assise la Félicité publique, avec ses attributs ; derrière ces figures se voyait un drapeau, dont la lance
portait un bonnet phrygien ; dans le haut, la Vérité
repoussant des nuages ; dans le fond, la perspective du
Champ-de-Mars et la foule du peuple ; au bas, comme
exergue : *A Paris, le 14 juillet 1790.* De l'autre côté
de la médaille, on lisait ces mots, entourés d'une couronne de chêne : *Confédération des François* [2].

---

1. Sommier, *Histoire de la Révolution dans le Jura*, p. 51. — Voir à
l'*Appendice, infra*, page 112, une chanson qui fut composée par un
membre volontaire de la députation jurassienne, *Le citoyen de Jura.*
2. Cette médaille avait été gravée par Nicolas-Marie Gatteaux. —
V. *Description de la fête du pacte fédératif*, etc., p. 1 ; *Description
fidèle de tout ce qui a précédé, accompagné et suivi la cérémonie de la
Confédération nationale*, etc., p. 1, note 1 ; *Confédération nationale ou
récit exact et circonstancié de tout ce qui s'est passé à Paris le 14 juillet
1790*, planche 1 ; Hénin, *Histoire numismatique de la Révolution française,*

CONFÉDÉRATION
Nationale
à Paris le 14 Juillet
1790

DÉPARTEMENT DE L'AIN

CONFÉDÉRATION
DES
FRANÇOIS

BANNIÈRE ET MÉDAILLE DE LA FÉDÉRATION

Le retour des fédérés dans leurs départements servit de prétexte à de nouvelles cérémonies civiques. Le 22 juillet, la ville de Besançon ouvrait une souscription dont le produit était destiné à pourvoir aux dépenses de la fête qui serait donnée au retour des députés des six districts du Doubs; en même temps, prévoyant l'insuffisance de cette souscription, la ville se faisait autoriser par le directoire du département à prélever sur un emprunt une somme de 1800 livres pour le même objet [1].

Les députés arrivèrent le 30 juillet, à quatre heures du soir. Des députations de la municipalité, du département et du district, une grande partie de la garde nationale, le marquis de Toulongeon, entouré de son état-major, se portèrent à leur rencontre. Les « jeunes vierges » que nous connaissons avaient remis pour la circonstance leurs robes blanches et leurs ceintures tricolores [2]. L'une d'elles portait « une forme d'enseigne romaine, dont le médaillon représentoit, d'un côté, les armes de la ville de Besançon et au revers ces mots : *Retour de la Fédération ; 14 juillet 1790;* au-dessus un globe aux armes de France, sur lequel une colombe, les ailes déployées, portoit au bec un rameau d'olivier.

---

t. I, p. 106; t. III, planche 17. — Un décret de la Convention du 20 août 1793 défendit de porter les médailles du 14 juillet 1790 comme décorations, sous peine d'être regardé comme traître à la République, et ordonna que les coins de ces médailles seraient brisés.

1. Registre des délibérations du directoire du département du Doubs, 22 juillet 1790. (Archives du Doubs.)

2. Registre des délibérations de la municipalité de Besançon. 2 août 1790, folios 81 et suiv. — Registre des délibérations du directoire du département du Doubs, 30 juillet 1790. (Archives du Doubs.) — *Le retour des députés du département du Doubs à la Fédération générale du royaume, qui a eu lieu à Paris le 14 juillet 1790, et qui ont apporté à Besançon l'étendard de la liberté,* in-8. (Extrait du registre de la municipalité de Besançon.)

Sur l'enseigne on lisoit ces mots, peints en lettres d'or :

> La colombe, du ciel interprète fidelle,
> Vint annoncer de Dieu la clémence éternelle;
> Elle apporte aujourd'hui tous les biens de la paix ;
> Le ciel enfin sur nous a versé ses bienfaits.

Au revers on lisait :

> Si la Grèce autrefois a vanté ses sept sages,
> Les nôtres le seront bien plus dans tous les âges.

Il y avait aussi le « régiment des enfants de la patrie », composé de « jeunes citoyens de douze à quatorze ans, tous en uniforme national, le sabre à la main, escortant l'un d'entre eux, qui portoit un faisceau d'armes, surmonté d'un globe aux armes de France, sur lequel est posé un aigle, ailes étendues, portant à son bec la légende : *Constitution* ; le lien du faisceau est un ruban aux trois couleurs, sur lequel sont écrits ces mots en lettres d'or : *Nous jurons de marcher sur les pas de nos pères.* » Les pères, c'est à-dire les députés des six districts du département, s'avançaient en bon ordre, précédés de leur bannière et ayant tous à la boutonnière de leur habit leur médaille de la confédération avec le ruban tricolore. « Au centre de ces députés, on distinguoit avec attendrissement les braves et vieux guerriers des troupes de ligne, députés de la garnison de cette ville à la confédération; on distinguoit aussi une quantité de volontaires que l'amour de la patrie et la fraternité avoient guidés sur les pas des députés des six districts [1]. »

---

1. Les députés des troupes de ligne étaient revenus quelques jours avant les députés des gardes nationales. Sur l'invitation du directoire

Les administrateurs laissèrent aux enfants « le plaisir de parler les premiers ». Les députés furent successivement harangués par « M. Berthet, élève de M. Ma-
thieu », par « M. Bernard, âgé de neuf ans, élève de
M. David », par M\ue Louvrier, âgée de treize ans », par
« M\ue Billote, âgée de onze ans », et par « M\ue Lœillet,
âgée de treize ans ». — « Qui pourra peindre, s'écriait
cette dernière, notre joie et notre admiration ! Pour trop
penser, l'expression nous manque, mais notre jeunesse
parlera pour nous ; notre ingénuité vous peindra mieux
les sentiments qui nous animent ; vous y trouverez au
moins de la sincérité ; portant pour devise la colombe,
nous en avons pris le caractère ; c'est avec elle que
nous venons vous féliciter du retour heureux qui vous
rend à une ville qui vous chérit, etc.. » M. Viotte, commandant des députés du département, répondit à ces
discours « avec cette sensibilité et cette honnêteté qui
le caractérisent ». La municipalité, le département, le
district présentèrent à leur tour leurs compliments aux
députés par l'organe de M. Quirot fils

Le cortège se mit en marche. Son entrée en ville fut
saluée par soixante-quatorze coups de canon et par les
carillons de toutes les églises. Après avoir parcouru une
grande partie de la ville, il entra dans l'ancienne maison
de l'Intendance, où le département tenait ses séances.
Il y fut reçu par une seconde députation du directoire
du département ; un membre de cette députation,
M. Mugnier, prononça un discours « qui a mérité et
reçu les plus grands applaudissements ». — « Oui,
Messieurs, disait-il, la régénération est entière, nos

du département, ils s'étaient joints à ces derniers au moment de leur
arrivée.

ennemis sont terrassés, ils sont abattus ; tous les anciens
monumens de la barbarie et du despotisme ont disparu
au premier cri de la liberté; ce fastueux trophée de
l'orgueil d'un roi qui vouloit dominer l'univers, qui le
tenoit enchaîné à ses pieds, ne pouvoit subsister sous
le règne de la liberté; vous n'avez pas eu la douleur de
voir votre esclavage gravé sur le bronze ; l'Assemblée
nationale ne l'a point permis ; déjà elle avoit consacré
cette place trop fameuse parmi les nations à être
l'emblème du génie et des talents. Tels sont, Messieurs,
les premiers effets de la liberté naissante. L'Être suprême en a placé le germe dans le cœur de tous les hommes ; nos augustes représentants à l'Assemblée nationale ont développé cette vérité sublime avec la plus
grande énergie ; ils la suivent dans toutes ses consé-
quences avec le courage le plus intrépide, etc. » Après
ce discours, auquel M. Viotte répondit encore « avec les
mêmes sentiments, franchise et loyauté, qui le caractérisent », la bannière de la Fédération, portée par le
doyen d'âge des députés, fut déposée « au son de tous
les instruments militaires » dans la salle où se tiennent
les assemblées du département.

« C'en étoit assez, dit le procès-verbal, pour cette
journée mémorable; nos députés étoient fatigués; on
les invita au repas qui se devoit donner le lendemain au
Gouvernement (à l'ancien hôtel Monmartin, aujourd'hui
le Sacré-Cœur), et on s'empressa de leur distribuer des
billets de logement que les citoyens s'étoient disputés à
l'envi. »

Le lendemain 31 juillet, eut lieu le repas offert aux
députés tant des gardes nationales que des troupes de
ligne; on y avait invité aussi un officier, deux sous-offi-

ciers et les quatre soldats plus âgés de chacun des régiments en garnison. « On avoit choisi pour l'emplacement
les quatre allées spacieuses du jardin. Quatre longues
tables furent assises sous l'ombrage frais des arbres ; elles
contenoient plus de huit cents couverts. Aux quatre
coins du jardin étoient placés sur des estrades les
musiciens des quatre régimens en garnison, qui, pendant le repas, exécutèrent différens morceaux de musique. Au milieu du jardin est un bassin ; entre le bassin
et l'allée, l'on avoit élevé une superbe pyramide, au haut
de laquelle étoit le bonnet de la liberté, avec cette
inscription : *A la Liberté*. En face étoit le buste du plus
cher et du plus aimé des rois, avec cette autre inscription dans une couronne civique : *Louis XVI, premier
roi des Français.* »

    « Le repas fut gai, continue le procès-verbal ; la fra-
ternité unissoit les cœurs.... On s'embrassoit.... On se
donnoit le nom de frères. » Les « jeunes citoyens et
citoyennes » de la veille reparurent « dans leur costume
agréable, portant leurs faisceau et drapeau ». Un goûter
leur avait été préparé sur une longue table. Les « jeunes
nymphes » y furent servies par « les guerriers ». Tout
à coup, l'une d'elles, « Mlle Hérard, âgée de quatorze
ans, élevant la voix et montrant le drapeau : « Messieurs,
dit-elle, l'aigle en ce jour plane avec les colombes ;
tout ce qui nous entoure est bien fait pour intimider de
jeunes cœurs peu accoutumés aux grandes sensations.
O amour de la patrie, soutiens ma faible voix ; tu as
déjà fait tant de prodiges, tu ne me refuseras pas sans
doute les forces dont j'ai besoin pour remplir la tâche
précieuse que nous nous sommes toutes imposée. »
Poursuivant son discours, elle s'adresse successivement

aux députés et gardes nationaux, au maire et au commandant général. « Tournant ensuite ses regards, dit
le procès-verbal, sur M. de Toulongeon, commandant
général, et comme inspirée par le dieu de la guerre,
prenant un ton plus fier pour célébrer un de ses héros,
elle lui adressa ces paroles : « Et toi, que cette ville met
avec raison au nombre des grands hommes qu'elle a vu
naître, toi dont le patriotisme éclairé se manifeste tous
les jours par les rares qualités qu'il nous découvre ;
toi dont l'existence parmi nous est comptée pour un
des plus grands bienfaits de la Providence, ton éloge est
au-dessus de nos forces, l'expression meurt sur nos
lèvres, et notre insuffisance doit te prouver assez notre
reconnaissance ; daigne suppléer à notre faiblesse ; nous
répéterons alors, dans l'effusion de notre cœur : Vive
M. le maire, vive M. de Toulongeon, vivent Messieurs
du département et tous les bons citoyens ! »

« Enfin, le goûter fini, ces jeunes enfants, espoir de
la patrie, demandèrent si on vouloit bien leur accorder
le plaisir de la comédie ; le digne chef de notre municipalité eut la bonté de les y conduire, accompagné de
la musique ; il les conduisit ensuite au feu d'artifice, qui
a été tiré à Chamars, à neuf heures du soir.... »

Le lendemain, 1er août, nous revoyons encore nos
« jeunes citoyens et citoyennes » qui viennent « faire
hommage à la patrie de leurs trophées ». Ils les ap-
portent au département. M. Nodier, âgé de onze ans [1],
prononce un discours, tenant à sa main le faisceau
d'armes. Mlle Hérard prend ensuite la parole, en te-

---

[1]. C'était Charles Nodier, le futur auteur des *Souvenirs de la Révolution*.

nant la bannière décrite plus haut. Le président du département, M. Seguin, chanoine et futur évêque constitutionnel du Doubs, répond « avec cette éloquence, cette affabilité, qui lui sont si naturelles ». Un nouveau goûter est servi sur-le-champ à ces chers enfants, et il est suivi d'un bal. « Ainsi s'est terminée, ajoute le procès-verbal, cette fête mémorable, qui attestera à la postérité le triomphe du patriotisme. »

Il y eut fête aussi à Lons-le-Saunier, le 4 août, lorsqu'arrivèrent les fédérés du Jura. La garde nationale, la troupe, la maréchaussée, allèrent à leur rencontre ; tous les corps administratifs et municipaux leur envoyèrent des députations. « Le beau bataillon des confédérés, formé de l'élite des gardes nationales pour la taille et la tenue, tout glorieux encore d'avoir fait sensation au milieu même du Champ-de-Mars de Paris, vient se ranger en bataille sur la place publique, où les officiers municipaux et les notables de la ville s'empressent d'environner leur drapeau [1]. » Le maire, le procureur général syndic les haranguent [2], puis les conduisent jusque devant « la maison du département ». Là, « M. de Malet, commandant du bataillon du Jura, a remis la bannière patriotique, portée par M. Alpy, à MM. les administrateurs du département, en les assurant, avec cette énergie qui le caractérise, que les braves soldats du bataillon seroient toujours prêts à la défendre avec autant de courage qu'ils ont mis d'empressement à l'apporter.

1. *Annuaire du département du Jura pour l'année 1847*, p. 215.
2. Dans le discours du maire, Vaucher, nous remarquons ce passage : « Vous avez bravé les fatigues d'un long voyage, l'inclémence d'une saison pluvieuse, les dangers d'une ville immense qui présente sans cesse des occasions de tumulte et d'orage. Combien n'avez-vous pas acquis de droit à notre reconnaissance ! »

Aussitôt, M. le Président (Rabusson) a pris la parole et a prononcé un discours relatif à la cérémonie. Il a été arrêté que la bannière patriotique demeurera déposée dans la salle du conseil du département comme un monument durable de la fraternité qui doit à jamais unir les peuples, et qu'elle sera exposée pendant deux jours à la fenêtre principale de la salle, pour rappeler aux habitans du Jura la sainte alliance dont elle est l'emblème [1]. »

Un banquet patriotique est ensuite offert aux députés.

Des fêtes du même genre accueilliront le retour des fédérés dans tous les chefs-lieux de districts. Ce serait trop abuser de la patience du lecteur que d'en faire encore ici la description.

Nous devons, avant de terminer, nous demander quel fut l'effet, quel fut le résultat positif de cette fête de la Fédération. Les historiens révolutionnaires la représentent comme l'idylle de la Révolution à son aurore. Les écrivains royalistes, au contraire, soutiennent que ce fut une fête toute monarchique, qu'aucune journée ne prouva mieux l'attachement de la France à son antique dynastie. En réalité, ce fut une fête comme toutes les fêtes, où l'on se préoccupa bien moins de manifester que de se divertir et de s'amuser le plus possible.

Quant au résultat effectif, il fut absolument nul. On avait compté sur cette confédération universelle de tous les Français pour remplacer, dans une certaine mesure, la fonction gouvernementale, pour rendre des services que les pouvoirs publics annihilés ne rendaient plus.

1. *Procès-verbal du dépôt de la bannière fédérative dans la salle du conseil du département du Jura, séant à Lons-le-Saunier*, 30 p. in-8.

On mettait ainsi le sentiment à la place de la force, qui doit toujours accompagner l'autorité. C'était une pure illusion. Le lendemain de la fête, on se retrouva, comme la veille, sans gouvernement. On avait cru revenir à l'âge d'or, à cet état de nature que Jean-Jacques, le vrai poète du siècle, avait chanté; on était simplement revenu à la sauvagerie [1].

Le 10 août 1793, à Vesoul, la bannière de la Fédération donnée au département de la Haute-Saône fut solennellement brûlée au pied de l'autel de la patrie. C'était logique. Que pouvait-on faire alors, en effet, de cette bannière? Elle avait deux torts : elle était blanche, et constituait ainsi « un emblème de la royauté »; elle rappelait des serments qui, pour beaucoup de ceux qui les avaient prêtés avec le plus d'ardeur, étaient devenus des parjures.

1. On peut même remarquer que la Fédération générale tua les fédérations provinciales, en les absorbant. Celles-ci avaient eu leur raison d'être, et pouvaient avoir leur utilité, pour étouffer les jacqueries et les tentatives de guerre civile; mais à partir de la Fédération nationale, il n'en fut plus question.

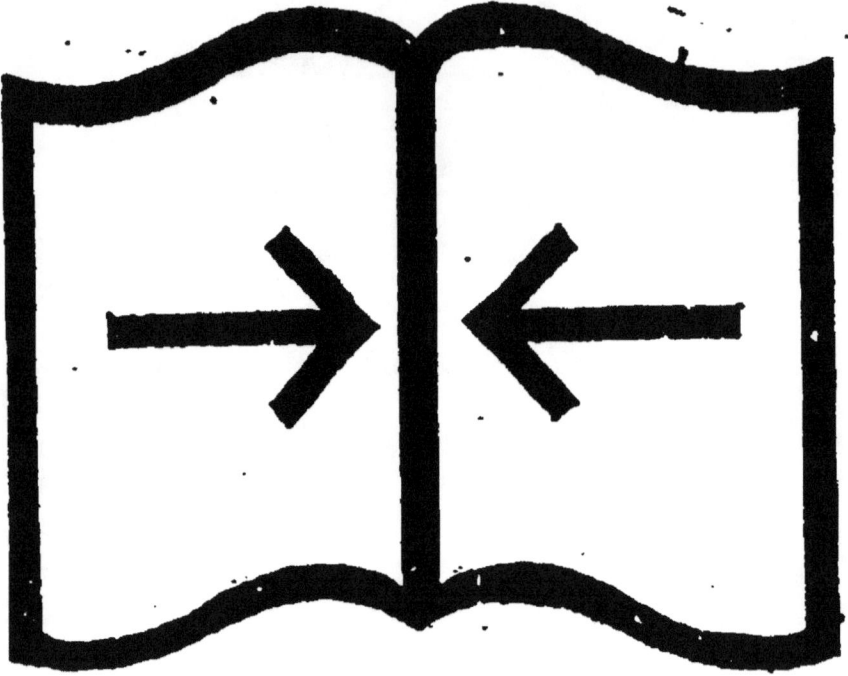

RELIURE SERRÉE
ABSENCE DE MARGES INTÉRIEURES

CONFÉDÉRATION-NATIONALE.

14 JUILLET 1790.

NOUS, Maire de la Ville de Paris, Commandant-Général de la Garde-Nationale-Parifienne, Préfident & Commiffaires de la Commune pour le Pacte-Fédératif, certifions que M. *louis ant. pareau* a affifté à la Fédération, en qualité de *Depute* du Département de *Jura* Diftrict de *Salins* & que endant fon féjour dans nos murs, il nous a donné les témoignages u p us pu

en foi de quoi Nous lui avons délivré le préfent Certificat, auquel nous avons appofé le cachet de la Fédération.

A l'Hôtel-de-Ville, le *22 juillet 1790*

Signé, BAILLY, Maire.
LA FAYETTE, Commandant-Général.
CHARON, Préfident des Commiffaires pour le Pacte-Fédératif.

DIPLÔME DE PRÉSENCE A LA FÉDÉRATION

APPENDICE

I

TRAITÉ FÉDÉRATIF DES QUATORZE VILLES BAILLIAGÈRES DE FRANCHE-COMTÉ

(*Extrait du registre municipal de Besançon*, 16 novembre 1789, folio 169 et suiv.)

Les députés des communes des villes bailliagères de Franche-Comté, savoir : Arbois, Baume, Besançon, Dôle, Gray, Lons-le-Saunier, Orgelet, Ornans, Poligny, Pontarlier, Quingey, Saint-Claude, Salins et Vesoul, réunis à Besançon pour cette fois, et sans entendre qu'à l'avenir cette cité puisse être le siège d'aucune assemblée politique de la province de préférence aux autres villes; répondant au désir de M. le marquis de Langeron, commandant en chef, et à l'invitation de Messieurs du Comité des subsistances de la ville de Besançon, se sont occupés, dès le 5 du présent mois de novembre 1789, tant par le fait de commissaires nommés entre eux, que par des discussions en assemblées générales, de ce que l'intérêt de la province peut exiger dans les circonstances où la révolution l'a placée.

Portant en premier lieu leurs regards sur la nécessité d'être toujours en garde contre les trames des ennemis de la régénération de l'État, ils voient avec peine que ces ennemis, après avoir essayé inutilement, à trois diverses époques, de dissiper le Corps législatif, d'anéantir ses décrets, d'affliger le cœur d'un roi bon, juste, bienfaisant, du *Restaurateur*, en un mot, *de la liberté française*, pensent à perpétuer des troubles qui sont leur ouvrage, en excitant la classe indigente du peuple, par tous les artifices et par toutes les manœuvres possibles.

Ce n'est plus par de grands et funestes projets, dont la juste défiance de l'Assemblée nationale sait pénétrer les intrigues, et dont l'énergie des bons citoyens sait arrêter les progrès, qu'ils espèrent parvenir à soulever une partie des Français contre l'autre, et apporter la désolation dans un empire auquel toutes les nations envient ses avantages; mais c'est en semant des alarmes sans fondement dans l'esprit des citoyens les moins susceptibles de se prémunir contre leurs insinuations, qu'ils se flattent de les faire passer de la terreur à l'effervescence, de l'effervescence à la violence, et, de là, à l'anarchie la plus déplorable.

Leur prétexte du moment est celui des subsistances. Ils savent que c'est le plus sensible pour la classe indigente, et qu'une fois prévenue contre les efforts et les soins de l'administration sur cet objet, il ne seroit pas d'excès dont cette prévention ne pût être la cause, au moment où la nation entre dans la jouissance d'un bonheur si désiré et que l'union seule peut rendre durable.

Ainsi ils exagèrent aux yeux de la multitude le monopole de l'exportation des grains; comme si les précautions les plus sages n'avoient pas été prises depuis longtemps pour l'arrêter! Ainsi ils diminuent aux mêmes yeux les ressources de la dernière récolte; comme si une longue expérience, appuyée des calculs de la production comparée à la population, ne détruisoit pas ces suppositions enfantées par l'esprit de trouble et de discorde!

Ainsi ils jettent dans l'âme de la multitude toutes les équivoques capables de l'armer contre les citoyens les mieux intentionnés, et la déterminent à confondre souvent le consommateur honnête et délicat avec l'accapareur qui sert d'instrument à leurs intrigues.

Dans ce désordre, la confiance est énervée, le respect dû aux lois et aux tribunaux est affaibli, la licence est prise pour la liberté, l'usurpation pour l'allégement des servitudes ; la police est sans force, et bientôt, sans un concert unanime de mesures et de moyens de la part des vrais patriotes, le succès de la révolution la plus heureuse seroit mis en doute.

Dans ces circonstances urgentes, lesdits députés pensent que ce n'est que dans la réunion des forces éparses du patriotisme que l'on peut trouver son triomphe et le rétablissement du bon ordre et de la tranquillité publique.

Les quatorze villes bailliagères de la province et leurs milices nationales contractent donc sur l'autel de la Patrie l'engagement le plus solennel de demeurer unies et confédérées par les liens de la confraternité la plus étroite. Leurs représentans invitent, ils conjurent les villes, les bourgs, les communautés des campagnes d'adhérer à cette association, qui, par l'influence de l'exemple, peut devenir bientôt le principe de la réunion de tous les Français.

Quel seroit l'homme assez insensible pour ne pas voir dans un tel engagement fédératif un support assuré des décrets de l'auguste assemblée, qui pèse les destins et les droits de la nation ; l'assurance d'une communication fraternelle de secours et de subsistances, celle d'un accord parfait contre les tentatives du monopole, contre la cupidité des exportateurs, et enfin l'égide la plus formidable à opposer aux perturbateurs de la circulation des grains, de ce mouvement continuel des denrées dans l'intérieur, sans lequel on est presque toujours exposé à trouver la disette au milieu même de l'abondance ?

Qu'il sera beau, qu'il sera honorable pour la Franche-Comté d'avoir la première ressaisi l'objet de la paix et de l'union, au milieu des murmures et des agitations de la discorde ! Quelle gloire pour elle, lorsque l'assentiment universel de toutes les communes de la province aura consacré ce monument de philosophie et d'humanité !

Les députés espèrent que l'Assemblée nationale s'empressera de ratifier leurs dispositions ; et appuyés du témoignage et de l'autorité de M. le commandant de la province, ils se persuadent que les communes, saisies d'un enthousiasme heureux et salutaire, s'empresseront de les exécuter d'elles-mêmes, dès qu'elles leur seront connues, pour parer au mal qui doit résul-

ter de la lenteur inévitable du décret qui doit les transformer
en un règlement légal. Dans ces sentiments, lesdits députés
sont convenus et ont arrêté et délibéré ce qui suit :

§ I

*Confédération des quatorze villes bailliagères, à laquelle les
villes, bourgs et communautés de leur ressort sont priés
d'adhérer.*

Article 1ᵉʳ. —Entre toutes les villes et toutes les milices ici
représentées, il y aura désormais intimité, fraternité et alliance
perpétuelle, conformément au vœu de chacune, de manière que
tous les habitants d'icelles et tous ceux des villes, bourgs et
villages qui y adhéreront se regarderont comme membres
d'une seule et même famille.

Art. 2. — L'une desdites villes pourra requérir au besoin
secours et assistance d'une ou de plusieurs autres, pour faire
respecter plus efficacement dans son ressort les lois anciennes
auxquelles l'Assemblée nationale n'aura pas dérogé, les
décrets de cette auguste Assemblée, l'autorité du Roi et celle
des jugements des tribunaux.

Art. 3. — Dans le cas où, par l'effet d'une réquisition de
cette espèce, les milices de deux ou de plusieurs communes
se trouveroient réunies, le chef de la milice requérante aura
le commandement.

Art. 4. — Pour entretenir entre lesdites villes et ressorts
des relations constantes, les comités et milices nationales éta-
bliront entre eux une correspondance régulière par la voie de
la poste, et en cas de nécessité par soldats d'ordonnance, de
proche en proche.

Art. 5. — Ce traité fédéral, ainsi que tous les articles sub-
séquents, seront présentés par les comités des villes bailliagères à toutes les communes de leur ressort, chacune en droit
soi ; et lesdites communes seront invitées, par des adresses
circulaires, à envoyer auxdits comités leur acte d'adhésion
le plus tôt possible.

Art. 6. — Les soldats nationaux qui seront envoyés aux correspondances rendront sur-le-champ, à leur retour, compte de leur commission à leur commandant, lequel en fera part au comité.

§ II

Vérification des subsistances dans les trois lieues limitrophes de l'étranger.

Article 1er. — Il sera fait sans délai un recensement général de toutes les subsistances, tant en grains qu'en farines, qui existent dans toutes les villes, bourgs, villages et hameaux situés dans les trois lieues de cette province, frontières de l'étranger.

Art. 2. — A cet effet, il sera établi des commissaires par les comités des subsistances et les milices nationales des villes bailliagères dans le ressort desquelles se trouvent lesdits bourgs, villages et hameaux. Le nombre de ces commissaires sera proportionné à l'étendue et à la population desdites trois lieues limitrophes.

Art. 3. — Ils se diviseront entre eux lesdites trois lieues limitrophes par districts à parcourir, de manière que l'opération du recensement soit prompte et exacte, et que le rôle puisse être clos le plus tôt possible, au plus tard pour le 15 décembre prochain.

Art. 4. — Lesdits commissaires se feront accompagner d'ajoints pris à leur choix, sur les lieux mêmes, et de cavaliers de maréchaussée ou de soldats nationaux, pour main-forte, s'il est besoin. Ils se présenteront dans toutes les familles, maisons et communautés religieuses, prendront la déclaration de chaque chef de famille ou supérieur de communauté.

Art. 5. — Cette déclaration contiendra la quantité de farines et de grains battus ou non encore battus de toute espèce qui seront en leur pouvoir, de ce qu'il leur est nécessaire d'acheter pour compléter leur consommation jusqu'à la récolte pro_

chaine, ou de ce qu'ils ont en sus de cette même consommation ; du nombre de personnes dont la famille ou la maison
est composée, de la qualité et quantité de bétail qu'elle
possède, des fonds qu'elle doit semer au printemps, et de
quels grains, et enfin de la quantité et espèce de grains qui
existent dans les magasins publics du lieu.

Art. 6. — Ces déclarations seront signées du commissaire,
des adjoints et déclarans, s'ils savent signer, et elles seront
adressées sans délai au comité de la ville bailliagère du ressort,
qui formera le rôle général du recensement des subsistances
pour son ressort, en récapitulant à la fin l'excédent ou le défaut de subsistances, pour le temps qui doit s'écouler jusqu'à
la récolte.

Art. 7. — Ces déclarations seront faites doubles ; un des
doubles sera remis par les commissaires au curé ou à un des
échevins de chaque lieu en l'absence du curé, pour qu'ils
puissent donner, avec connoissance de cause, les billets ou
certificats de nécessité, dont il sera parlé ci-après ; et l'autre
double sera envoyé comme il est dit en l'article précédent.

Art. 8. — Les voyages des commissaires et main-fortes,
tant des milices nationales que de la maréchaussée, se feront
sans autres frais que les simples déboursés, dont les villes
bailliagères de la province se cotiseront pour faire les avances,
sauf à recouvrer sur les fonds de la province, ainsi qu'il y
sera pourvu dans les assemblées provinciales.

Art. 9. — Les comités des villes bailliagères remettront,
le plus tôt possible, aux chefs de chaque poste des préposés
à former le cordon, pour veiller à l'exécution des présentes,
l'extrait du rôle du recensement relatif au district qui leur
sera confié, pour qu'ils soient toujours en état de s'assurer de
la vérité des certificats de nécessité. par comparaison aux déclarations qui seront contenues audit rôle.

§ III

Précautions contre l'exportation.

Article 1er. — Les décrets de l'Assemblée nationale, portant défenses d'exporter des grains et farines à l'étranger, seront exécutés suivant leur forme et teneur ; et pour en procurer plus sûrement l'exécution en ce qui concerne la Franche-Comté, lesdits députés ont arrêté ce qui suit.

Art. 2. — Le cordon que M. le directeur des fermes du Roi dans la province a fait former par les employés desdites fermes, à l'extrême frontière du côté de l'étranger, veillera à l'exécution des présentes, et réprimera, autant qu'il sera possible, le monopole de l'exportation. Indépendamment de ce cordon, dont M. le directeur des fermes du Roi est invité de faire les dispositions, de concert avec les comités de Saint-Claude, Pontarlier, Poligny, Ornans, Baume-les-Dames et Vesoul, les députés prennent entière confiance au zèle desdits comités et des commandans des milices nationales, tant du pays que des villes bailliagères frontières, pour surveiller le cordon et les communautés limitrophes ; et M. le commandant de la province sera en outre prié de disposer des détachements de troupes réglées sur les frontières, et de leur donner ses ordres sur l'objet.

Art. 3. — Lesdits employés des fermes du Roi, ainsi que les milices nationales, porteront surtout leur vigilance dans la partie de Morey-les-Rousses, le Bois-d'Amont, le Prémanon, Bellefontaine, la Mouille, la Darbella, Septmoncel, dans les parties frontières du bailliage de Pontarlier, dans les parties mixtes des frontières de Montbéliard et de Porrentruy, ainsi que sur les moulins de Pissoux, du Saut-du-Doubs et des Bassots, derrière le mont de la Grand'Combe-des-Bois et autres. Ils veilleront également au passage sur les rivières.

Art. 4. — Ceux des députés qui, en vertu de l'article 6 du paragraphe final des présentes, se transporteront à Dijon, prieront M. le marquis de Gouvernet, commandant en chef dans le duché de Bourgogne, de faire garder les trois lieues limitrophes des provinces du Bugey et de Gex, pour empêcher tout versement à l'étranger, même d'employer son autorité et ses bons offices pour faire reporter les lignes des employés des fermes, et toutes autres barrières, sur l'extrème frontière qui sépare le pays de Gex de la Suisse, de la Savoie et de Genève.

Art. 5. — Les marchés à grains, dans les trois lieues limitrophes de l'étranger, seront suspendus ou interdits, si, par les réclamations des villes bailliagères frontières, ils sont jugés suspects, les autres villes s'en référant sur ce point à leur prudence; mais dès ce moment, les marchés de Morez et de Morteau demeurent provisoirement supprimés, et celui d'Orchamps transféré à Vercel.

Art. 6. — Les communes désirant se conformer scrupuleusement aux décrets de l'Assemblée nationale, notamment à celui du 18 septembre dernier ladite Assemblée est suppliée de décider si elle a entendu comprendre dans les dispositions des articles 2 et 3 dudit décret les transports de grains et farines que les consommateurs font, pour leur subsistance individuelle, dans les trois lieues limitrophes de la province, frontières de l'étranger; ou si les formalités prescrites par ledit décret sont applicables aux marchands de grains et farines seulement. L'Assemblée nationale daignera peser dans sa sagesse si les précautions résultant du cordon, du recensement et des billets de subsistance pour les consommateurs dans lesdites lieues limitrophes, peuvent suppléer à leur égard les formalités prescrites par lesdits articles.

Art. 7. — Tout habitant dans les trois lieues limitrophes ne pourra faire aucun achat de blé pour sa consommation, sans être muni d'un billet de subsistance, qui sera expédié par la municipalité ou comité du lieu de leur domicile, et, au défaut de municipalité, par le curé ou un des échevins du lieu. Il sera présenté, dans les trois lieues limitrophes, à la municipalité ou comité du lieu de l'achat, ou, à leur défaut, à la municipalité ou comité du lieu le plus voisin. L'acheteur en recevra un passeport; le certificat et le passeport seront visés par un des officiers de police du marché où se fera l'achat. et, en cas qu'il n'y ait pas d'officiers de police, par le curé ou un des échevins. Lesdits officiers de police, curé et échevins, tiendront note de l'achat, et en feront mention sur lesdits certificat et passeport.

Art. 8. — Dans le cas où les habitans des trois lieues limitrophes feroient leurs approvisionnements ailleurs que dans les marchés publics, ils présenteront les certificats de nécessité et passeports aux curés et échevins du lieu où ils feront leur achat, lesquels viseront lesdits certificats et passeports, en feront mention et en tiendront note, comme il est dit ci-dessus.

Art. 9 — Les deux articles ci-dessus seront exécutés sous la même peine de confiscation, applicable comme il sera dit ci-après.

Art. 10. — Les certificats, passeports et visa des municipalités, comités, curés, échevins et officiers publics, seront expédiés sans frais.

Art. 11. — S'il arrivoit que les officiers des lieux, curés ou échevins, déclarassent dans les certificats de nécessité une quantité de grains plus considérable que celle qui sera nécessaire pour le besoin de ceux à qui ils les donneront, les préposés à la garde des frontières en dresseront procès-verbal, qui sera remis à la partie publique, pour être fait les poursuites nécessaires. Les curés et échevins enverront, ainsi que les comités et municipalités, dans la quinzaine, au comité de la ville de leur ressort, la note des certificats et passeports qu'ils auront délivrés, pour être confrontés au rôle du recencement.

Art. 12. — La confiscation, dans tous les cas, sera appliquée moitié au profit de ceux qui auront saisi les grains, farines, chevaux et harnais, ou dénoncé tous transports faits sans les formalités indiquées, et l'autre moitié aux pauvres de la ville ou de la communauté dans le territoire de laquelle la saisie aura été faite.

§ IV

Circulation des grains dans l'intérieur, et précautions contre
les accaparemens.

Article 1er. — L'Assemblée nationale sera suppliée de supprimer, du moins de suspendre tous droits de péage, octrois,
éminage, roulage, couponage et autres, de quelque dénomi-
nation qu'ils soient, sur les grains, légumes et farines, de manière que la circulation intérieure soit libre et dégagée de toutes entraves ; sauf aux propriétaires desdits droits à se retirer
devers les assemblées provinciales, pour réclamer et faire fixer
leur indemnité, s'il y échet.

Art. 2. — Tout particulier qui voudra faire le commerce de
grains et farines sera tenu de se faire enregistrer au greffe de
la juridiction royale du ressort de son domicile, et de représenter son acte d'enregistrement toutes et quantes fois il en sera
requis. Il ne pourra rien emmagasiner ni arrher, le tout à peine
de confiscation des grains qu'il auroit en magasin, ou d'a-
mende égale à la valeur des grains arrhés, applicable comme
en l'article 12 du paragraphe précédent.

Art. 3. — Les négociants en grains et farines ne pourront
en acheter sur les avenues des ports, halles, foires et marchés,
ni aller au-devant des voitures et des convois pour faire leurs
achats, à peine de confiscation des grains et farines qu'ils
auroient ainsi achetés, applicable comme dessus.

Art. 4. — Tous grains ou farines ne pourront sortir du lieu
de leur achat, qu'en préalable le conducteur ne soit muni
d'une lettre de voiture, portant mention de la quantité, espèce
et destination desdits grains et farines, et le nom et domicile
de celui pour le compte duquel il fait le transport. Cette lettre
sera enregistrée par les municipalités et comités du lieu du
départ, et, à ce défaut, par les curés ou échevins, qui en tiendront registre. Le conducteur représentera cette lettre de voiture aux comités, municipalités, ou, à ce défaut, au commandant des postes des milices nationales dans les lieux de sa

route, ou enfin, au défaut des milices nationales, aux curés ou échevins des lieux, toutes et quantes fois il en sera requis ; en sorte que s'il perdoit sa lettre de voiture, les municipalités comités ou échevins, pourroient vérifier et recourir à l'enregistrement d'icelle ; ce qui sera exécuté par lesdits conducteurs, sous la peine de confiscation, applicable comme dessus.

Art. 5. — Les grains et farines ainsi achetés et transportés seront conduits directement à leur destination, et sans déviation de la route. Le conducteur se munira d'un certificat de déchargement de la part du comité, du curé ou de l'échevin du lieu du dépôt ; lequel certificat il sera tenu de représenter aux comité, municipalité, curé ou échevin du lieu du départ et de l'achat, dans le cas où lui ou celui pour le compte duquel il a transporté feroit dans le même lieu du départ de nouveaux achats et de nouveaux chargements ; le tout, sous la peine d'être condamnés solidairement, tant le conducteur que l'acheteur, à la valeur des grains et farines qu'il auroit conduits en premier lieu. Les municipalités, curés et échevins sont invités de tenir soigneusement la main à la représentation du certificat de déchargement, et de donner avis à la partie publique du siège ordinaire du ressort, des contraventions qui pourroient être faites au présent article, pour y être pourvu.

Art. 6. — Il sera fait, aux frais de la province, une députation à MM. des comités de Dijon, Chalon et Bourg-en-Bresse, par les villes de Poligny, Salins, Lons-le-Saunier et Dôle, qui se concerteront entre elles pour fournir chacune un député. Une seconde députation sera faite par les villes de Besançon et de Gray ; et les députés se transporteront à Langres, Bar-sur-Aube, Chaumont, etc. Une troisième députation sera fournie, de chacune un député, par les villes de Vesoul, Baume et Ornans, pour l'Alsace et la Lorraine. Ces différents députés concerteront tous moyens d'assurer la liberté réciproque des achats et celle du transport des grains et farines, et proposeront une confédération de province à province. Ils rendront compte, à leur tour, de leur mission à leurs comités respectifs, qui s'en référeront réciproquement. Ceux desdits députés qui iront à Dijon feront à M. le marquis de Gouvernet les instances convenues par l'art. 4 du § 3.

Art 7. — Toutes personnes qui s'opposeront à la libre circulation des grains, légumes et farines, dans tous les cas ci-
devant exprimés, seront poursuivies extraordinairement comme
perturbateurs du repos public, et punies suivant l'exigence
des cas ; et faute par les villes ou communautés dans lesquelles
et sur le territoire desquelles les délits et contraventions s'exer-
ceront, de donner sur-le-champ secours et protection suffi-
sante aux conducteurs desdits grains ou farines, sur leur réquisition verbale, ou sur la simple notoriété publique, elles demeureront garantes et responsables de tous événements,
dommages et intérêts.

Art. 8. — Il est enfin arrêté que le projet de règlement ci-
dessus ne sera signé par MM. les députés que sous la ratification de chacune des communes qu'ils représentent, comme
encore qu'après ladite ratification donnée par les quatorze
villes ici représentées, et qu'elles s'enverront réciproquement,
le comité de Besançon est autorisé à faire, au nom de toutes
ces villes, une adresse à la diète auguste, pour la supplier de
donner son approbation aux articles contenus dans ledit
projet ; ceux relatifs au décret de l'Assemblée nationale
demeureront seuls exécutoires jusqu'à ce que cette approbation soit obtenue.

Art. 9. — Et sur la motion faite par un des membres de
l'assemblée qu'il est chargé expressément, de la part de ses
commettants, d'inviter tous MM. les députés de s'occuper des
moyens de pourvoir à la conservation des fruits pendans et
bois et au maintien du bon ordre dans la province, lesdits
députés, ayant pris lecture d'une proclamation faite par le
comité permanent de la ville de Vesoul aux bourgs et communautés de son ressort, en date du 18 septembre dernier, en
ont adopté les principes et les dispositions, avec sensibilité et
reconnoissance envers la ville de Vesoul ; en conséquence, ils
ont délibéré que ladite proclamation devant efficacement concourir au rétablissement du bon ordre, du respect pour les
lois et pour les propriétés dans les campagnes, elle sera an-
nexée au présent imprimé, et adressée par les comités des
quatorze villes bailliagères à tous les bourgs, villes et communautés de leur ressort, avec invitation d'y adhérer, ainsi

qu'au présent traité; pour laquelle adhésion il sera dressé
une formule uniforme.

Duquel traité il a été fait quatorze doubles, signés de tous
les députés et de M. le comte de Narbonne, commandant de
la milice nationale de Besançon et autres villes de la province,
qui a été prié d'assister aux délibérations, pour un double
être remis à chacune des villes confédérées.

*PROCLAMATION adoptée par les quatorze villes bailliagères
de la province de Franche-Comté, adressée à toutes les villes,
bourgs et communautés de leurs ressorts, conformément à
l'article final de leur traité fédératif du 11 novembre 1789.*

Les habitans des quatorze villes bailliagères de la province de
Franche-Comté aux habitans des villes, bourgs et villages de leur
ressort remontrent :

Que ne pouvant contenir la profonde sensibilité dont ils sont depuis longtemps émus, en considérant l'inquiète agitation des esprits
qui semble faire oublier l'autorité toujours vivante des lois, relâ-
cher les liens naturels de la société et en altérer jusqu'aux principes,
ils s'empressent de réclamer les droits de l'Homme et du citoyen, le
respect des lois, de la justice et de l'humanité, en rappelant partout aux sentiments les plus affectueux d'accord et de fraternité,
afin de voir cesser à jamais dans la province les divisions qui depuis longtemps en troublent l'harmonie, les citoyens de tous les
ordres se rapprocher et se réunir, pour jouir ensemble des avantages inappréciables de la paix et de la tranquillité.

Ils osent donc, au nom de la patrie, appeler toutes les communautés du bailliage de..... à une confédération vraiment grande et
digne d'elles, à une confédération d'honneur, de vertu et de respect
pour les lois et d'union pour le salut commun.

Ce n'est plus l'étranger qu'il faut repousser; ce sont nos frères,
c'est nous-mêmes qu'il faut préserver des effets d'une fermentation
dangereuse, qui écarteroit loin de nous le calme et le bonheur,
s'opposeroit au succès des vues paternelles du souverain et de nos
représentans, et nous rendroit indignes de la constitution qu'ils
nous préparent.

Que d'autres contrées l'emportent sur la nôtre par les progrès
des arts et du commerce, par la fertilité de leur sol ou le nombre
de leurs habitans; assez riches, assez forts quand nous serons unis
et vertueux, elles envieront le calme dont nous jouirons; et nous
saurons, au milieu des circonstances les plus orageuses, conserver les vertus de nos ancêtres, le respect pour les lois et l'amour du
souverain.

La raison nous appelle à la liberté et non à la licence. La liberté, ou le droit de faire tout ce que les lois ou l'honneur permettent, est le premier bien de l'homme et l'effet le plus précieux de tout gouvernement modéré; tandis que la licence aveugle et féroce, fléau des bons et ressource des méchans, anéantit toute société et feroit regretter, s'il étoit possible, jusqu'au despotisme.

Tout excès, toute violation de l'ordre public est un attentat contre la société dont on est membre, un crime de lèze-patrie, qui tend à précipiter dans les horreurs de l'anarchie et de la discorde; car l'état où des communautés ou des particuliers se croiroient en droit, au mépris des lois et des tribunaux, de se faire justice à eux-mêmes par le pillage, le meurtre, l'incendie ou autres violences également répréhensibles, est un état de désordre et de férocité, capable d'entraîner la subversion totale de la patrie.

Plusieurs villes de France, notamment celle de Millau, en Rouergue, se sont fait un devoir de resserrer les liens du patriotisme entre toutes les communautés de leurs provinces; elles se sont empressées de répondre à l'invitation qui leur a été faite de se joindre à elles, et elles ont arrêté solennellement ce que nous arrêtons nous-mêmes à leur exemple :

Que toutes communautés, tous particuliers qui se permettroient aucun excès, aucune infraction à l'ordre public, aucune entreprise sur la vie, l'honneur ou les propriétés des citoyens, qui refuseroient d'obéir à tous officiers investis d'une portion de l'autorité légitime, de payer les impôts existans sanctionnés par l'Assemblée nationale dans ses arrêts du 17 juin dernier, ou d'adhérer aux décrets des États généraux revêtus de la sanction du souverain; qui donneroient enfin à la province le scandaleux exemple d'une conduite illégale ou séditieuse, seront dénoncés à la province, et notamment aux prochains États provinciaux, flétris du sceau odieux de la révolte et du crime; qu'aucune communauté ne pourra, dans aucun cas, se joindre à elles, ni les secourir; et que frappées de cette excommunication civile, privées de tous leurs droits, séparées des autres communautés, elles ne seront comptées parmi elles que pour le paiement des impôts, à l'octroi desquelles elles n'auront pas même concouru.

Que toutes les communautés qui voudront adhérer à cette résolution patriotique seront tenues d'en instruire au plus tôt les villes chefs-lieux de leurs bailliages respectifs, par le fait d'un de leurs échevins chargé de leur procuration. On tiendra à cet effet un registre, où seront inscrits les noms des communautés adhérentes; et ledit registre sera présenté à la première assemblée des États provinciaux, comme un monument d'honneur et de patriotisme.

Signé : ARBILLEUR, président de l'assemblée des députés des quatorze villes, et CRESTIN, secrétaire.
LOUIS DE NARBONNE.

CLERC, MILLERET, NOIROT, députés d'Arbois.

ARBEY, DIDELOT, BLONDEAU, députés de Baume.

ARBILLEUR, ANTONY, MILLOT, députés de Besançon,

AVENNE, CRESTIN, NOUVOT, députés de Gray.

BOUVIER, BALLAND, WILLIER, députés de Dôle.

GACON, VAUCHEZ, COYTIER, députés de Lons-le-Saunier.

CLERC, DE VAUX, LEVRAT, députés d'Orgelet.

ESPIARD, PORTIER, GUÉRILLOT, députés de Poligny.

SIMONIN de Vermondans, ÉTIENNE BELIN, GRANDJACQUET, députés d'Ornans.

MAILLOT, CHEVALIER de la Ferrière, MICHAUD de Doubs, députés de Pontarlier.

CAUBET de la Fay, DORNIER, POUBCY, députés de Quingey.

GUIRAUD l'aîné, DOLARD, DUMOULIN l'aîné, députés de Saint-Claude.

CLERMONT, BOURDIN, MOTTET, députés de Salins.

GALMICHE, DAGUENET de Purgerot, BAILLY, députés de Vesoul.

II

ÉLECTION DES DÉPUTÉS DU DISTRICT DE BESANÇON
A LA FÉDÉRATION.

(Extrait du registre des délibérations de la municipalité de Besançon.)

Du lundi 28 juin 1790.— M. Ordinaire, maire ; MM. Millot, Quirot, Flajoulot, Lombard, Nodier, Pochet, Labruno, Barbaud, Fumey, Poulet, Bogillot, Marchand, Jobard, Penotet, Dangel, procureur de la commune.

Le lundi 28 juin et les jours suivans a été faite pardevant la Municipalité, par les électeurs des Gardes nationales du district, l'élection des députés qui devront assister à la confédération générale des Gardes nationales et des troupes de ligne du Royaume, qui aura lieu à Paris le 14 juillet prochain.

La Municipalité a dressé procès-verbal de cette élection, dont le résultat a été le choix de

Le rév. père LAMBERT, minime, aumônier.

M. le professeur ROUGNON, médecin.

M. PÉCOT, chirurgien major.

Députés :

MM.

Le comte LOUIS DE NARBONNE.

ALLARD, avocat.

BERNARD, négociant.

BESSON, M° apothicaire,

BIDAL, traiteur.

BILLON (de Saint-Vite).

BLANC, ancien gendarme.

BOGILLOT, fils, avocat.

BOUQUET, ci-devant garde française.

BOURNOT, procureur au bureau des finances.

BRUAND, avocat.

BRUNET, contrôleur des étapes et convois militaires.

CHALON, négociant.

CHARMET, architecte.

CLAUDET.

CLÉMENT, avocat.

COLOMBOT, avocat.

COUTHAUD DE RAMBEY.

DE CHEVRAND, Aimé, cadet.

FESOUILLOT, avocat du roi au bureau des finances.

DENISOT (de Pirey).

DE SAINT-AGATHE, négociant.

DROMARD (de Dannemarie).

FERDINAND, aide-de-camp de M. de Narbonne.

FOYOT, avocat.

GARNIER, étudiant ès droits.

GILLET, idem.

GILLARD, horloger.

MM.

GIRARDET, avocat.

GODIN, négociant.

GRIVIS, fils.

GUILLEMET, avocat.

GULLAUD, M° charpentier.

GUYON, perruquier.

GUYON, jardinier.

HUGUENET, fils.

HUOT, avocat.

JACOLET, commissaire à terrier.

LANÇON, contrôleur des fermes.

L'ECUREL, l'aîné, avocat.

LOMBARD, directeur des messageries royales.

LOUVRIER, horloger.

LOUIS, négociant.

MARQUIS, négociant.

MARSOUDET, avocat.

MAZERAUD.

MONTGENI, négociant.

MORIZOT.

MOURGEON, orfèvre.

NODIER, ancien gendarme.

OLIVIER, ci-devant garde-française.

ORDINAIRE, fils de M. le maire, avocat.

ORDINAIRE, neveu, avocat.

PARGUEZ, jardinier.

PERRET, receveur général des fermes de la ville.

PILLOT, M° perruquier.

RANFIN.

RAMBOZ, docteur en médecine.

ROUGNON, l'aîné, avocat.

ROUSSEL (de Courchapon).

SÉRIOR (de Cussey).

TALVET.

TESTUT, 1er commis au secrétariat de la ville.

MM.

TISSERAND (de Torpes).
TONNET, avocat.
TONNET, procureur.
VIGUIER, notaire.

MM.

VIOTTE.

Tambours :
PILLOT et AMIDEY.

III

INSCRIPTIONS DE L'ARC DE TRIOMPHE DU CHAMP-DE-MARS.

(*Description fidelle de tout ce qui a précédé, accompagné et suivi la cérémonie de la Confédération nationale du 14 juillet 1790, 2ᵉ édition, pages 18 et suiv.*)

« Au-dessus de l'entrée principale, d'un côté, on lisoit ces mots :

Consacrés au grand travail de la constitution
Nous le terminerons.

« De l'autre côté :

Le pauvre sous ce défenseur
Ne craindra plus que l'oppresseur
Lui ravisse son héritage.

« Ces deux inscriptions se rapportent à l'action de quelques personnages allégoriques, qu'on voit s'élancer à travers les obstacles, vers le but désiré que leur montre la Loi.
« A l'entrée, du côté gauche, des guerriers prêtent le serment civique, et semblent prononcer ces vers, qu'on lit plus bas :

La patrie ou la loi peut seule nous armer,
Mourons pour la défendre, vivons pour nous aimer.

« Au-dessus de l'entrée latérale, à droite, des hérauts d'ar-

mes, embouchant la trompette, proclament la paix dans l'é-
tendue d'un vaste empire, et les peuples, s'abandonnant à
de douces espérances, chantent avec allégresse :

> Tout nous offre d'heureux présages,
>   Tout flatte nos désirs :
> Douce paix, loin de nous écarte les orages,
>   Et comble nos plaisirs.

« Voici les inscriptions qu'on lisoit encore sur l'arc de triomphe, et qui forçoient de jeter des regards en arrière, même
en avançant vers le centre de la majesté (*sic*) :

Les droits de l'homme étoient méconnus depuis des siècles ; ils ont
été reconquis pour l'humanité entière.

« Des députés de différents peuples viennent rendre hommage à l'Assemblée nationale dans le tableau placé au-dessus
de ces mots :

Le Roi d'un peuple libre est seul un Roi puissant.

« Ce vers est justifié par l'emblème d'une femme qui en-
chaîne des lions à son char, et attache à sa suite la Force, la
Puissance, représentées par différentes figures ; elle est appuyée
sur le livre de la Loi : suivent dans toute leur dignité le Roi,
la Reine, ils tiennent leur fils par la main ; plus loin une
foule de sages.

« Alors se livre un combat contre l'hydre redoutable ; on—
voit ses têtes abattues sous une main terrible. Au-dessus, ce
dystique :

> Nous ne vous craindrons plus, subalternes tyrans,
> Vous qui nous opprimez sous cent noms différens.

« A l'autre extremité, un peuple immense écoute avec atten-
tion les sages exhortations d'un guerrier victorieux :

> Vous chérissez cette liberté, vous la possédez maintenant ;
> Montrez-vous dignes de la conserver.

IV

INSCRIPTIONS DE L'AUTEL DE LA PATRIE.

(Description fidelle de tout ce qui a précédé, accompagné et suivi la cérémonie de la Confédération nationale, page 20.)

« L'autel est entouré de quatre exhaussemens, placés vers les quatre parties du monde.

« Sur la première face, à gauche, une belle femme écarte et dissipe les nuages qui l'entourent, et sa beauté brille dans tout son éclat. On lit au-dessus :

Constitution.

« La France, aussi sous la forme d'une femme, paroît assise sur une partie du globe; elle a dans ses mains la corne d'abondance; à ses côtés sont les attributs des arts et des sciences.

« Sur la façade qui regarde la galerie, des guerriers, les bras tendus vers un autel, prononcent ce serment :

Nous jurons de rester à jamais fidèles à la Nation, à la Loi, au Roi, de maintenir de tout notre pouvoir la Constitution décrétée par l'Assemblée nationale et acceptée par le Roi, de protéger, conformément à la Loi, la sûreté des personnes et des propriétés, la libre circulation des grains dans l'intérieur du royaume, la perception des contributions publiques, sous quelques formes qu'elles existent, et de demeurer unis à tous les Français par les liens indissolubles de la fraternité.

« Sur l'un des côtés, vis-à-vis l'amphithéâtre circulaire, on lisoit ces vers, gravés dans toutes les âmes libres :

Les mortels sont égaux ; ce n'est point la naissance,
C'est la seule vertu qui fait la différence.

La Loi, dans tout État, doit être universelle ;
Les mortels, quels qu'ils soient, sont égaux devant elle.

« Sur le côté opposé, la Renommée proclame dans toute la France des décrets immortels, qu'elle proclamera bientôt dans l'univers :

Songez aux trois mots sacrés qui garantissent ces décrets :

LA NATION, LA LOI, LE ROI

La Nation, c'est vous.
La Loi, c'est encore vous, c'est votre volonté.
Le Roi, c'est le gardien de la loi.

V

ORDRE DU CORTÈGE DE LA FÉDÉRATION NATIONALE.

(*La Confédération nationale. Détail exact de cette fête*, pp. 1 et suiv.; *Description fidelle de tout ce qui a précédé, accompagné et suivi la cérémonie de la Confédération nationale du 14 juillet 1790. 2e édition*, pp. 10 et suiv.)

Voici exactement l'ordre du cortège :
Compagnie de cavalerie, avec un étendard et six trompettes ; le chef et le major de la cavalerie en tête ;
Compagnie de grenadiers avec tambours et musique ;
Les électeurs de Paris en 1789 ;
Compagnie de volontaires ;
Les représentants de la commune ;
Le comité militaire ;
Compagnie de chasseurs ;
Les tambours de la ville ;
Les présidents des 60 districts ;
Les députés de la commune pour la Fédération ;
Les 60 administrateurs de la municipalité ;
Corps de musique et de tambours ;
Bataillon des élèves militaires ;

Détachements des drapeaux de la garde parisienne ;

Bataillon des vétérans ;

Députés des 42 premiers départements par ordre alphabétique ;

Le porte-oriflamme ;

Les députés des troupes de ligne ;

Les députés de la marine ;

Les députés des 41 derniers départements ;

Compagnie de chasseurs volontaires ;

Compagnie de cavalerie, avec un étendard et deux trompettes.

La marche était formée sur huit personnes de front, et même sur neuf et dix.

Les troupes de ligne étaient précédées de l'oriflamme, portée au premier rang par le porte-cornette blanche de France.

Les troupes de ligne étaient distribuées de la manière suivante : d'abord marchaient les maréchaux de France, et au milieu d'eux l'oriflamme ; ensuite les officiers généraux, les officiers de l'état-major de l'armée, ceux du génie, les commissaires des guerres, les invalides, les lieutenants des maréchaux de France, les députés d'infanterie, suivant le rang des différents corps ; les députés de cavalerie, suivant le même ordre ; les députés des hussards, ceux des dragons et des chasseurs à cheval ; enfin, les officiers généraux et les députés de la marine, suivant le rang qu'ils tenaient entr'e eux.

Les pelotons des drapeaux de la garde nationale parisienne étaient formés sur trois hommes de front et marchaient accolés par rang de division.

En arrivant sur la place Louis XV, les pelotons de drapeaux se sont portés à droite et à gauche, de manière à recevoir l'Assemblée nationale entre deux haies et à lui servir d'escorte. Il était onze heures quand ils l'ont reçue.

VI

LA FÊTE DE LA FÉDÉRATION D'APRÈS UN TÉMOIN OCULAIRE.

(Extrait de l'ouvrage du comte d'Escherny, intitulé :
*Correspondance d'un habitant de Paris avec ses amis de
Suisse et d'Angleterre sur les événements de 1789, 1790
et jusqu'au 4 avril 1791.* Paris, MDCCXCI, pages 317-322.)

« Cette fête, dans son intention, dans sa réalité même, a
été fort supérieure à tout ce que j'ai pu vous en décrire : mais
dans son rapport à moi, j'ai plutôt peint ce qui devoit être
que ce qui a été ; et mon imagination, montée par la grandeur
et l'importance des objets, a fait tous les frais de l'intérêt. Je
n'ai rien vu, rien entendu distinctement que ce qui se passoit
autour de moi dans l'une des galeries couvertes où j'étois
placé. Les objets du cirque étoient trop éloignés et trop nombreux. Il n'y avoit dans le jeu des figures de cet immense tableau, ni précision, ni ensemble. Tout y languissoit, y erroit à
l'aventure, et marchoit au hasard. Les mouvements s'y succé-
doient sans but déterminé, et avec beaucoup trop de lenteur.
Une circonstance désolante contribua beaucoup aussi à détruire l'effet, à ralentir l'action, à y porter même le trouble et
la confusion. Un tems déplorable, des coups de vent de
Nord, des averses effroyables et glaciales, se succédèrent à
courts intervalles, et pendant plusieurs heures. On eût dit que
le ciel repoussoit, humilioit la terre, trop orgueilleuse du
spectacle qu'elle étaloit, ou que les puissances célestes, déchaînées contre le Champ-de-Mars, prenoient parti pour l'aristocratie qu'on en chassoit, qu'on y persécutoit. Deux cent
mille femmes vêtues de blanc, exposées à l'inclémence immé-
diate des éléments, furent en peu de tems pénétrées et per-
cées par la pluie. Leurs robes déformées, adhérentes au corps,
et la mousseline collée sur leurs membres transis, en dessi-
noient à l'œil les contours. Les chapeaux, les bonnets, les
plumes ondoyantes étoient renversés, abattus et pendants.

« La galerie du roi, où j'étois, et remplie à moitié seulement, parce qu'une partie de la cour qui devoit y avoir place
n'y étoit point venue, offroit un couvert, un abri, aux femmes
morfondues qui en étoient les plus voisines. Il eût été barbare
de le leur refuser.Plusieurs furent reçues dans la galerie : elles
avoient l'air, en entrant, de femmes en chemise sortant du
bain. Les averses continuoient, et les parapluies de taffetas
n'en garantissoient pas. Bientôt, les habitants de ce grand
amphithéâtre découvert, qui venoit se rattacher au-dessous des
galeries, commencèrent à s'ébranler. Les uns cherchèrent
leur salut dans la fuite; les autres, plus près de notre galerie,
l'escaladèrent, l'emportèrent d'assaut. Alors nous nous trou-
vâmes serrés, pressés, foulés, inondés par l'eau que les as-
saillants distilloient autour d'eux et de nous. Les ambassadeurs et les ministres étrangers et leurs femmes, qui étoient
dans cette galerie, ne gardèrent leurs places qu'avec peine, et
plusieurs la cédèrent et se retirèrent. L'yvresse fédérale, le
nom de frère sans cesse répété, et dans toutes les bouches, ne
firent passer cette violence que comme une suite naturelle
de la liberté et de l'égalité. Une loge destinée à la cour ! une
loge d'ambassadeur, envahie par le public, sans causer presque aucun murmure ! Qui l'eût pu croire il y a deux ans?

« Dans le corridor qui régnoit derrière les galeries, étoient
restés plusieurs ouvriers qui venoient d'en finir la charpente,
avec d'autres intrus de leurs amis. Quelques-uns avoient à la
main des lunettes du plus grand volume. Ils les allongeoient,
les déployoient dans la galerie, les projettoient entre nos têtes,
et les plaçoient presque sans façon sur nos épaules. On ne
pouvoit se détourner sans rencontrer un tube. Si, en se levant,
on en dérangeoit la direction ou masquoit l'objectif, ils
crioient : *A bas, Messieurs, à bas, vous nous empêchez de voir.*
Ils nous tiroient familièrement par nos habits pour nous faire
rasseoir. Quelques personnes se retournèrent et voulurent se
fâcher, et leur imposer silence; ils répondirent en riant :
« Messieurs, de grâce, souvenez-vous que nous sommes tous
« frères, et que nous avons *le droit* de voir tout comme vous,
« puisque tous les hommes sont égaux *en droit.* » Pouvoit-on
se fâcher ? La galerie se mit à rire aussi. Aimable peuple que

les François : il vaut mieux que les grands et ses chefs ; la
révolution a fait découvrir en lui de nouvelles qualités encore,
et des vertus qu'on ne lui soupçonnoit pas.

« Il y avoit assez près de moi des demoiselles de l'Opéra,
qui ne montrèrent pas autant de sens et de gaité que nos
indiscrets à lunettes. Elles se prirent vivement de querelle
avec des officiers de la garde nationale, et leur dirent de
grosses injures. Toutes ces scènes simultanées, et cent con-
versations bigarrées et bruyantes, dans une galerie qui tou-
choit presque au trône, coïncidoient avec la messe, les serments et les actes les plus imposants de la religion et du patriotisme : vive image du monde, où les événements les plus dispa-
rates se passent à la fois ; où, dans le même instant, on dicte
un testament et un contrat de mariage ; l'un meurt et l'autre
naît ; l'un se livre à la joie, pendant que l'autre expire de
douleur.

« L'œil, au Champ-de-Mars, embrassoit donc une trop vaste
enceinte ; il s'y perdoit et n'appercevoit rien d'une vue distincte ; pour voir trop d'objets, on n'en voyoit aucun. On y
geloit, le tems étoit affreux, et quand il eût été propice, et les
objets plus raprochés, ce n'étoit ici qu'un grand tableau qu'on
eût pu, il est vrai, considérer avec le plus grand intérêt une
demi-heure, mais non neuf heures de suite. Un spectacle qui
ne parle qu'aux yeux est bien froid à la longue. Il faut, pour
être intéressé, le concours des autres sens, et surtout que l'â-
me soit active, la pensée occupée. Il n'y eut ni discours prononcé, ni musique exécutée. La pluye dispersa les musiciens.
Je n'entendis que le tumulte du cirque et le bruit du canon.
On dit cependant que des instruments à vent, des tymbales
et des tambours en grand nombre se firent entendre autour
de l'autel ; pas un son n'en parvint jusqu'à moi. Au lieu des
ravissements que j'éprouvai à la première séance des États
généraux, je sortis du Champ-de-Mars, à cinq heures, transi
de froid, excédé d'ennui, et mourant de faim. [1]

1. « Comme l'usage de toute espèce de voitures avait été prudem-
ment interdit, une foule de femmes bien mises ne se tirèrent qu'avec la
plus grande peine de ces terres du cirque nouvellement remuées et dé-

LE ÇA-IRA

— MUSIQUE —

Ah! ça i _ ra, çà i _ ra, çà i _ ra, Le peuple en

ce _ jour _ sans _ cesse ré _ pè _ te: Ah! çà i _

_ ra, çà _ i _ ra, çà i _ ra; Malgré les mu _

_ tins _ tout ré _ us _ si _ ra Nos en _ ne _

_ mis _ con _ fus en res _ tent _ là et nous _ al

_ lons _ chan _ ter al _ le _ lu _ ia Ah! çà i _ ra,

çà i _ ra, çà i _ ra; Quand Boi _ leau _

ja _ dis _ du Cler _ gé par _ la _ Comme un pro _

_ phè _ te il a pré _ dit ce _ la. En _ chan _

_ tant ma chansonnet _ te, a _ vec _ plai _ sir

on di _ ra _ Ah! çà i _ ra, çà i _ ra,

çà i_ra, Malgré les mutins, _toutré _ us _ si _ ra.

« C'est ainsi qu'au lieu de recevoir d'un spectacle des impressions proportionnées à sa grandeur, il peut arriver que
l'effet au contraire soit en raison inverse de son immensité,
qu'on soit vivement remué au devant d'une scène de deux ou
trois mille figures, et froid à une représentation qui en em-
brasse six cent mille. Cela tient sans doute à la petitesse de
l'homme, et à la faiblesse de ses moyens. Nous étions trop
petits pour le tableau, ou le tableau trop grand pour nous.
C'étoit un champ trop étendu pour des hommes de cinq à six
pieds. La proportion entre le spectacle et les spectateurs étoit
entièrement rompue. Elle se trouvoit au contraire exactement
observée à l'ouverture des États généraux. Tout ce qui est
excès, dans les grandeurs physiques comme dans les grandeurs
morales, n'est pas à notre usage. Elles dépassent notre portée,
et nous ne sommes pas plus faits pour la vaste étendue d'un
tableau tel que l'offroit le cirque, que pour la perfection exa-
gérée d'un gouvernement politique. Voilà peut-être aussi
pourquoi l'homme sage doit, dans le choix de ses plaisirs,
s'attacher surtout à ceux qu'il peut facilement atteindre, et
rapprocher ses jouissances à la mesure de ses facultés ; pourquoi un bon bourgeois, dans son petit jardin, connoissant tous
ses arbres et comptant tous ses fruits, est plus heureux cent
fois que le millionnaire pensif, inquiet, triste et perdu, au
milieu de ses jardins spacieux et de ses parcs à perte de
vue. »

VII

LE « ÇA IRA ».

I

Ah! ça ira, ça ira, ça ira,
Le peuple en ce jour sans cesse répète:

trempées par la pluye. Plusieurs y laissèrent leurs chaussures et furent
obligées de regagner à pied leurs demeures, et faire ainsi un long trajet.»

Ah! ça ira, ça ira, ça ira,
Malgré les mutins tout réussira.
Nos ennemis confus en restent là,
Et nous allons chanter alleluia.
Ah! ça ira, ça ira, ça ira,
Quand Boileau jadis du Clergé parla
Comme un prophète il a prédit cela.
En chantant ma chansonnette
Avec plaisir on dira:
Ah! ça ira, ça ira, ça ira,
Malgré les mutins tout réussira.

2

Ah! ça ira, ça ira, ça ira
Suivant les maximes de l'Evangile,
Ah! ça ira, ça ira, ça ira,
Du législateur tout s'accomplira;
Celui qui s'élève on abaissera,
Et qui s'abaisse l'on élèvera.
Ah! ça ira, ça ira, ça ira,
Le vrai catéchisme nous instruira
Et l'affreux fanatisme s'éteindra.
Pour être à la loi docile,
Tout François s'exercera.
Ah! ça ira, ça ira, ça ira.

3

Ah! ça ira, ça ira, ça ira,
Pierrot et Margot chantent à la guinguette;
Ah! ça ira, ça ira, ça ira,
Réjouissons-nous, le bon'tems viendra.
Le peuple françois jadis à quia,
L'aristocrate dit *mea culpa*.
Ah! ça ira, ça ira, ça ira,
Le Clergé regrette le bien qu'il a;
Par justice la Nation l'aura.
Par le prudent La Fayette
Tout trouble s'apaisera.
Ah! ça ira, ça ira, ça ira.

4

Ah! ça ira, ça ira, ça ira,
Par les flambeaux de l'auguste Assemblée,
Ah! ça ira, ça ira, ça ira,
Le peuple armé toujours se gardera.
Le vrai d'avec le faux l'on connaîtra ;
Le citoyen pour le bien soutiendra.
Ah! ça ira, ça ira, ça ira.
Quand l'aristocrate protestera,
Le bon citoyen au nez lui rira ;
Sans avoir l'âme troublée,
Toujours le plus fort sera.
Ah! ça ira, ça ira, ça ira.

5

Ah! ça ira, ça ira, ça ira.
Petits comme grands sont soldats dans l'âme.
Ah! ça ira, ça ira, ça ira,
Pendant la guerre aucun ne trahira;
Avec cœur tout bon François combattra;
S'il voit du louche hardiment parlera.
Ah! ça ira, ça ira, ça ira.
La Fayette dit : Vienne qui voudra,
Le patriotisme leur répondra.
Sans craindre ni feu ni flamme
Le François toujours vaincra.
Ah! ça ira, ça ira, ça ira.

VIII

LE CITOYEN DU JURA.

Par M. Sugniaux-Cadet, volontaire de Dôle.

Romance.

Un citoyen du Jura,
D'accord avec sa cohorte,
Mille et mille fois chanta
Ce refrain qui le transporte :
De Henri le digne fils
En père règne à Paris.

Il a brisé les liens
Du plus honteux esclavage ;
Il est la source des biens
Qui passeront d'âge en âge.
De Henri le digne fils
En père règne à Paris.

Tous efforts sont impuissans
Contre son peuple qu'il aime ;
Il veut de tous ses enfans
La félicité suprême.
De Henri le digne fils
En père règne à Paris.

Il est le vrai protecteur
De la loi la plus sacrée,
Que pour le commun bonheur
Donne l'auguste Assemblée.
De Henri le digne fils
En père règne à Paris.

Nous avons fait le serment
De mourir pour la patrie.
Pour nous quel heureux moment
C'est le plus beau de la vie.
Ah! vive, vive Louis!
En père il règne à Paris.

LE CITOYEN DU JURA

MUSIQUE

Un ci _ to _ yen du Ju _ ra, D'accord a _ vec sa _ co _ hor_te, Mille et mil_le fois chan_ta Ce re _ frain qui le trans_ por_te De Hen_ ri le di_gne fils En Pè _ re _ règne à Pa_ ris.

Tremblez, cruels ennemis
De sa personne adorée.
Un peuple de vrais amis
Veille sur sa destinée.
Sur ses enfans à Paris
En père règne Louis.

Apprenons à nos enfans
Qu'au milieu de nos montagnes,
Nous sommes assez puissans
Pour défendre nos campagnes,
Après avoir vu Louis
Régner en père à Paris.

TABLE DES MATIÈRES

TABLE DES PLANCHES

8646. — Poitiers. — Imp. Blais, Roy et Cie, rue Victor-Hugo, 7.

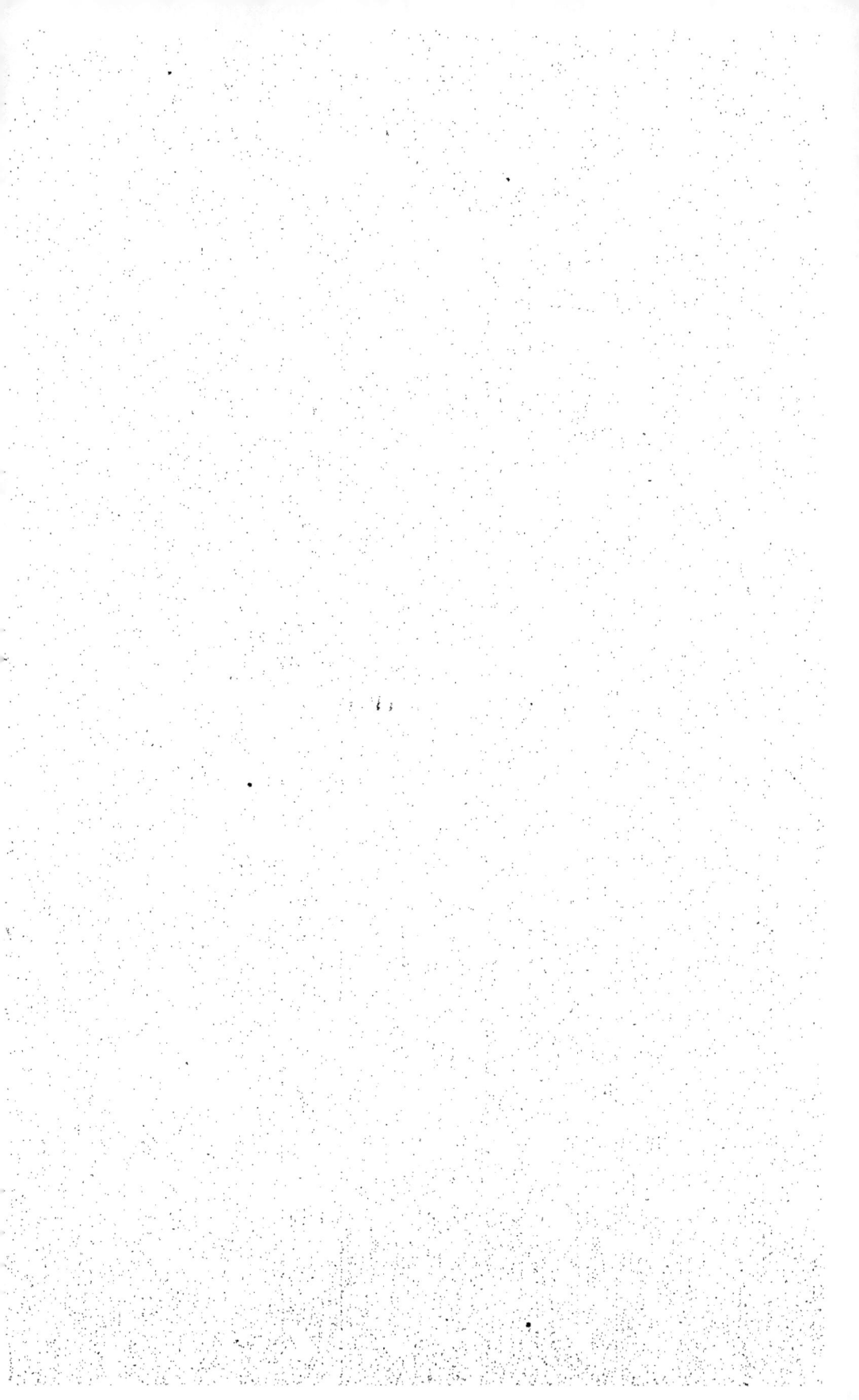

www.ingramcontent.com/pod-product-compliance
Lightning Source LLC
Chambersburg PA
CBHW072104090426
42739CB00012B/2853